JN011478

オーブンミトン 小嶋ルミの
小仕込み製菓テクニック

小ロットでつくるから、冴える技、手仕事の味

oven mitten's Technique

Ovenmitten

はじめに

オーブンミトンのお菓子づくりは「小仕込み」を基本にしています。

小仕込みとは、小ロットでつくること。こまめに回数多く、製造すること。
一見すると非効率に思えますが、実はメリットがたくさんあります。

第一は、新鮮なうちにお菓子を売り切ることができる。
第二に、おいしくなる。
おいしくなる、というと曖昧に聞こえるかもしれませんが、
たとえば絞り出しクッキーをつくるとき、300個と50個ではでき上がりが違います。
300個もつくると最初のほうに絞った生地はダレたり、気泡が抜けたり、乾いたりします。
こうした小さな積み重ねが、かならず味に出るのです。

では、何でも少量でつくればおいしくなるかというと、もちろんそうではありません。

重要なのは、生地やクリームなどの仕上がりをコントロールして、
めざす状態にもっていくこと。

ほっくりとした卵の風味、サクサクとした食感、ふわふわの口どけ……など、
仕上げは職人の手わざ（混ぜ方や整え方）であったり、マシンの場合もありますが、
少量でつくると目が行き届く分、せまいストライクゾーンに落とし込むことができます。
そのお菓子でいちばん表現したいことを、高い精度で実現できるのが小仕込みなのです。

なので「小仕込みとは、具体的にどのくらいの量？」と訊かれたら、
「めざす味が実現できる量、おいしさを保てる仕込み量」と答えています。
大量生産でもおいしくできるお菓子はありますが、上記の絞り出しクッキーのように、
ほとんどのお菓子は少量でつくるほうが確実においしくなります。
生産性や効率では測れない、目に見えないおいしさを生むのが、小仕込みなのです。

実際の小仕込み量は、条件や環境に合わせて調整いただきたいと思いますが、
この本では卓上ミキサー「キッチンエイド」でつくりやすい量を基準にしています。
めざす状態の生地やクリームを無理なく短時間でつくることができるので、
あまり知られていないキッチンエイドの使い方についても詳しく解説しています。

これからお店をはじめる人や、すでに菓子職人として仕事をしている人たちに向けて、
この本が少しでもお役に立てればと願っています。

2022年12月
オーブンミトン
小嶋ルミ

Contents

18 この本のレシピの見方
マシンでの攪拌／比重を量る
手わざによる混ぜ方とフレゼ／焼成
パウンド混ぜ／ジェノワーズ混ぜ
ロール混ぜ／シフォン混ぜ
大ボウルでの混ぜ方／レシピの増減
キッチンエイドの仕込み量（目安）

小仕込みのためのレシピ

30 *Pound Cake*
パウンドケーキ

32 基本のバニラ生地

35 ダブルチョコ／バニラ

37 カラメルくるみ／スパイスマーブル／金柑

38 フルーツケーキ

40 全卵共立ての生地

43 ウィークエンド／レモンケーキ

45 きび砂糖のガトー・カンパーニュ

46 *Cream Puff*
シュークリーム

51 ミトンズシュークリーム

55 クッキーのせシュー

56 *Financier*
フィナンシェ

62 *Chiffon Cake*
シフォンケーキ

66 バニラシフォン

68 抹茶／アールグレー＆チョコ／バナナ

70 *Shortcake*
ショートケーキ（ジェノワーズ生地）

74 イチゴのショートケーキ

77 チョコレートのショートケーキ

80	ロールケーキ
83	卵ロール
85	チョコロール

Cheesecake
チーズケーキ

90	ニューヨークチーズケーキ
93	オリジナルベイクドチーズケーキ
94	バスク風チーズケーキ

Chocolate Cake
チョコレートケーキ

| 98 | 蒸し焼きガトー・ショコラ |

Banana Cake
タイ風バナナケーキ

| 103 | ココナッツカップケーキ／レモン＆ポピーシードのカップケーキ |

Carrot Cake
キャロットケーキ

Tart
タルト (ブリゼ生地)

| 112 | 金柑とごまのタルト |
| 115 | 焼き込みフルーツのタルト／フレッシュフルーツのタルト |

Cookie
クッキー

118	アイスボックスクッキー
120	スペキュロス
122	キッフェルン
124	ヴィエノワ
126	補足レシピ
128	材料と道具
130	販売の工夫

動画について

オーブンミトン独自の生地の混ぜ方とフレゼ（p.22〜25）は動画による解説が付いています。

該当箇所のWebアドレスを入力するか、スマートフォンやタブレットでQRコードを読み込むことで、解説動画を視聴できます。実際の動きや速度、細かなポイント、生地の状態などを確認いただけます。

※動画視聴の際にかかる通信費等はお客さまのご負担となります。また、パソコンやスマートフォン、タブレットの機種によって閲覧できない場合もあります。なお、動画の提供は予告なく終了することがありますのでご了承ください。

本書掲載レシピの小仕込み量

パウンドケーキ	8×14×高さ6cmの型4〜5台分
シフォンケーキ	直径21cm1台＋14cm5台分
ショートケーキ	直径15cmの丸型3〜5台分
チーズケーキ	直径15cmの丸型3〜8台分
フィナンシェ	7.8×4.5×深さ2cmの型25〜50個分
アイスボックス クッキー	130〜145個分
キッフェルン	50〜100個分

など

小仕込みをすすめる6つの理由

1 繊細な仕上げ・調整がしやすい

　第一の理由はこれ。大きな仕込みはどうしても「大味」になる。

　仕込む量が多いと作業が大まかになり、人の手を加えにくい。逆に量が少なければ、細部まで目が行き届き、細かい作業などパティシエの手仕事（＝手わざ）がかけやすい。小回りの利くマシンでていねいに生地をつくり、フレゼで繊細な口どけに仕上げる。こうしたひと手間ごとの積み重ねがおいしさを生む。

2 お菓子は「鮮度」が大切

　クッキーやフィナンシェなどの焼き菓子は、焼き上がりがいちばんおいしい。少量生産し、頻繁に焼けば、ストックする必要も劣化の心配もない。また一方で、チーズケーキなど少しねかせた方がおいしいものもある。お菓子にはそれぞれ食べごろがあり、そのいちばんいい状態をお客さまに提供できる。

3 生地を傷めずおいしく仕上がる

　大きなミキサーや大きな道具を使うとどうしても生地の一部に負担がかかる。また、容量が大きくなると生地自体の温度や重量で生地が傷みやすく、ひとつの工程に時間がかかるため、途中で生地がダレる・乾燥するなどの経時劣化も起きやすい。一方、小仕込みは作業が早く進むので、ムラが出にくく、失敗が少ない。

4 作業効率がよく、短時間で仕込める

　1回につくる量が少ないので作業時間が短く済む。

　焼き上がりが早いので、売れ行きを見て、必要ならすぐに追加の仕込みが可能。ひとつの作業が短いため集中力が持続しやすく、結果的に時短になる。とくに女性が多い職場は、疲れにくく、体力的にも楽。レストランの一部や仕込み時間が限られている厨房にも小仕込みは向く。

5 ロスが少ない

　大容量で作ると道具類が大きくなるため、ボウルなどについた材料や生地の廃棄量が増え、洗い物も時間がかかる。売れ残ったお菓子や失敗した場合も、大量につくればその分ロスは大きくなる。その点でも小仕込みは廃棄量が少ない。

6 小さな投資からスタートできる

　大きな設備、大型のオーブン、大型のミキサーはそれなりに高額で、ある程度の設置スペースも必要。小仕込みなら、これらの機器類やストックする冷蔵庫、冷凍庫などの設備が最小で済むため、狭い厨房や少ない予算で開業する人に向いている。また、少量の仕込みは女性や力のない人でも作業しやすい。

小仕込みが「店の味」をつくる

オーブンミトンのお菓子は、見た目はシンプルだが、ひと口食べるとはっと驚くような、インパクトのある味わいのものが多い。口に入れた瞬間から、きめの細かい食感と素材の香りが広がり、食べ終わっても心地よい余韻が続く。ミトンのお菓子は食べたらすぐにわかる、ほかのお店の味と違うからと言われる。

私自身が、粉、バター、卵、乳、フルーツなど、純粋に素材の組み合わせから生まれるお菓子が好きで、店でもできるだけ化学的な副材料を使わずに、素材そのものの味をストレートに感じられるお菓子を追求してきた。

素材選び、レシピ、組み合わせ、生地の混ぜ方、焼き方、仕上げ…など、それぞれの工程で工夫を凝らすのはもちろん、さらに大きく味で差別化するためには、とくに生地の混ぜ方や整え方、フレゼ、焼き方などの目に見えない裏技、ちょっとしたコツの積み重ねこそが重要だと気づいた。

同じお菓子でも、手間をかけずにルセット通りにつくったものは「普通の味」で終わってしまう。人を感動させることはできない。

このことに気づいてから、生地だけで満足できる味わいを追求するようになり、実際に納得できる味が表現できるようになると、組み立て菓子ではなく、生地そのものを味わう焼き菓子が増えていった。

とはいえ、ミトンも開店した当初は「大きな仕込みこそ、プロの味」と思い込み、まとめて数日分の大量のお菓子をつくっていた。そうするとお菓子の保存期間を延ばさざるをえなくなり、味は落ちることになる。

幸い私は、お菓子教室やレシピ撮影など少量でつくる機会が多く、どんなお菓子も少量や1台ずつ仕込んだほうがおいしくて心に刺さるものがあった。このときにつかんだ少量の仕込み（＝小仕込み）と、生地の混ぜ方・整え方を進化させたものが、現在のミトンの味につながっている。

突き詰めて考えると、小仕込みは味づくりの原点。
味づくりの力と幅が広がり、自分にしかできない味、オリジナリティを表現しやすい。
細部まで目が行き届き、手間をかけられる量だからこそ、ちょっとした工夫やコツを重ねて、微妙な調整や、味を磨き上げることができる。

オーブンミトンの味は小仕込みがつくる。

たとえば、シフォンケーキ

一般的なシフォンケーキは、メレンゲの起泡性に頼るあまりに、卵白の味が勝ちすぎたものが多い。卵黄のコクや風味を感じるシフォンはできないものか？と試行錯誤の末に編み出したのが、現在のレシピ。卵黄を多くした配合でもふわふわの食感が出せるように、少ない卵白を限界まで泡立てることにした。メレンゲは砂糖を減らして、あえて大小ふぞろいな気泡をつくる。しかし、このメレンゲはすぐに分離しはじめ壊れやすいため、職人の手わざで一気に混ぜ込んでいく必要がある。この工程はスピードが勝負。大量につくるのは限界があり、毎回小仕込みで完成度の高いシフォンをつくり上げている。大小の気泡を残したまま焼き上げた生地は、食べるとほっくりとした卵黄の味わいで、しかも口の中でほどけるように消えていく。

Chiffon cake

店の看板商品であり、メディアで取り上げられることも多いミトンズ
シュークリーム。開店当初に「うちの店でしか表現できない味」を
模索する中で、カスタードの水分をとばすように炊いて味を凝縮させ、
鍋底にできた焦げを利用して味を濃くする手法にたどり着いた。1回
に炊く量は最大60個分で、当日炊いたものしか販売しないため、よ
く売れる日はこの作業を何度もくり返す。炊き上げたカスタードは急
冷してコシを出し、分離直前まで泡立てた高脂肪の生クリームと、あ
えて混ぜムラを残すように合わせて販売直前にシュー皮に詰める。売
りきれる量を見こして少量ずつ仕上げるのもポイントだ。卵と乳のコ
クにカラメルの隠し味が加わって、小さくても満足度の高い、独自の
シュークリームが完成した。

たとえば、シュークリーム

Cream puff

ミトン流 小仕込みの極意

○ マシンと手わざは適材適所

マシン（キッチンエイド）と手わざ（職人の手仕事）は、目的に応じて使い分ける。きめ細かい泡立てや力強い攪拌などはマシンにまかせる。逆に、手わざでしか表現できない食感や香りを打ち出したいお菓子は手わざでつくる。

本書では（実際のオーブンミトンでも）、全工程をマシンで仕上げるもの、一部でマシンを使い、その後に手わざで仕上げるもの、マシンを使わずにすべて手わざでつくるものがある。

○ レシピは数値化・言語化する

すべてのレシピは数値化、言語化する。数量はもちろん、生地の品温や仕上がり時の比重、「○○混ぜを◇回、□分間」のような細かいこともすべてスタッフ間で共有する。レシピの再現性と精度を高めることが目的。

○ 増量しても小仕込みメソッド

売れるお菓子は、少しずつ仕込み量を増やしていくが、その際に「お菓子の美点が失われない最大仕込み量」を見極めることが肝心。増量する場合も、温度管理を徹底する、こまめにミキサーボウルの中をはらう、ていねいに仕上げて混ぜムラをなくすなどの小仕込みのメソッドを守る。

この本のレシピの見方

レシピページに記載したマシンと手わざに必要な数値の見方は以下のとおり。本書のレシピは、キッチンエイドでつくりやすい量に調整済。

マシンでの攪拌

本書で使用するマシン（卓上ミキサー）は「キッチンエイドKSM 5」。
（取扱いは、（株）エフ・エム・アイ）

「ビーター」は、おもにバターと砂糖を攪拌。クッキー類は粉混ぜまで行なう。

「ホイッパー」は、おもに全卵、卵白、生クリームなどを泡立てる。

例

★キッチンエイド・ビーター
- **S** 4
- **T** 1分30秒。
- **B** 白くふわっと泡立ち、持ち上げた先端にゆるやかな角が立つまで
- **D** 比重

左記のアルファベット、数値が示す内容は以下のとおり。
★マシンと泡立てる羽根の種類。

S＝マシンの速度

・ キッチンエイドの速度目盛り（**0〜10**）の数字。

・ おおよその速度。キッチンエイド以外の卓上ミキサーの場合は、以下を参照。

　1〜2 低速　　**3〜6** 中速　　**7〜9** 高速　　**10** 最高速

T＝攪拌時間の目安

・ 次の工程に移るまでに攪拌している時間の総計。途中、必要に応じて攪拌を止め、様子を確認したり、ボウル内やビーターやホイッパーをはらうこと。

・ 記載した時間は、レシピの分量で攪拌した場合。分量を増減するとスピード、時間も変わる。

B＝めざす生地の状態

・ ボウルの中の生地の状態（ふんわり、もこもこ、ボソボソ、均一に混ざるなど）。生地のかさ（ボウル内の高さ）で表わす場合もある。状態によって攪拌時間を微調整する。

D＝比重

・ 生地やクリームの中の空気の密度を量る。計量方法は右ページ参照。

マシンで攪拌する際のポイント

・ 機械による個体差がある場合は、めざす状態を参考に数値を調整する。

・ ボウルの重さをボウル本体に記しておくと、生地の計量時などに便利（A）。

・ スタート時の材料の温度も重要。バターや卵、粉類は、非接触型の赤外線センサー温度計で品温を計る（B）。

・ 攪拌のムラや混ぜ残しをなくすために、攪拌中や材料を加える前など、ボウル内の側面をゴムべらで適宜はらう。底まで届く柄の長いへらを使って、ボウルの内側を縦方向にすき間なくはらっていく。上のほうは、へらを密着させてぐるりと一周させる。はらった後はかならず5〜10秒攪拌して全体を均一な状態にする。ゴムべらについた生地は、ボウルの縁の常に同じ場所ではらうと縁が汚れにくい（C）。

（A）

（B）

（C）

比重を量る

・ 100mlが入る容器に生地やクリームを入れて重さを量る。生地の密度や、気泡がどのくらい含まれているか、攪拌の状態が正しいかどうかの目安になる。慣れるまでは、この方法で確認するとよい。

・ 100ml容器（ここではアルミカップ）をデジタルスケールにのせて、容器の重さをクリア（ゼロに）する。生地を容器に入れ、軽く台に落として空気を抜き、スパチュラなどで余分をすりきって重さを量る。生地を押しつぶさないように注意する。

手わざによる混ぜ方とフレゼ

本書のレシピは、粉や生地をゴムべらやカードで混ぜ合わせる「手わざ」が重要。混ぜ方の指定があるものは、全工程をマシンで混ぜると繊細な味が表現できない。それぞれの生地の特性や目的に合わせて4種の混ぜ方をする。

クッキー生地は、粉までマシンで混ぜ、それぞれの生地に合わせて3種のフレゼで仕上げる。

例

> ★○○○混ぜ
>
> **N** 100回
> **B** なめらかで、つやが出る。
> 　　流れないふわりとした生地。
> **G** 75〜80g

左記の示す内容は以下のとおり。
★の混ぜ方とフレゼについてはp.22〜。

N ＝混ぜる回数の目安

・ めざす生地の状態にするまでの目安。速度や圧力が同じなら、回数が大きく変わることはないので、ミトンでは回数を目安にして、作り手による仕上りのぶれをなくしている。

B ＝めざす生地の状態

・ 記載のようにならなければ、混ぜ方やフレゼの仕方を見直す。

D ＝比重

・ 100mlのカップに、攪拌の途中やでき上がった生地やクリームを入れてすりきり、計量したもの。生地に含まれた気泡の量（生地の密度）を確認する。詳しい量り方はp.19〜。

手わざで混ぜる際のポイント

・ ボウルは利き手の肩の前に置き（体の正面ではない）、ボウルの中心から30〜35cm離れて立つ。混ぜるのと反対の手でボウルの真横を支える（A）。この体勢がボウル内の3時から9時へ直径を通って混ぜやすく、へらの動きをコントロールしやすい。へらの持ち手がボウルの縁から離れないようにすると効率よく混ぜられる（B）。

・ キッチンエイドの付属ボウルを使うときは大きいゴムべらがおすすめ。ミトンでは、密着性、しなり具合、かたさを考慮した長さ30cmのオリジナルのゴムべらを使用（C）。

・ へらのカーブの一点が、常にボウルの内側（側面や底）にしっかりと当たるように混ぜるのが鉄則。軽く触れるのではなく、圧力をかけることで均質な生地ができる。この圧力を体感するために、デジタルスケールの上にゴムべらを密着させて右から左に動かしてみると300g前後になる（D）。

・ できあがった生地の比重が軽すぎるときは、さらに混ぜて適切な気泡の量にする（E）。

・ マシンでの攪拌後に手わざで混ぜるときは、キッチンエイドのボウルをそのまま使うのが基本。増量する場合や、別立てのメレンゲを加えるときなどは、大ボウルに移して他の材料を合わせて混ぜる。

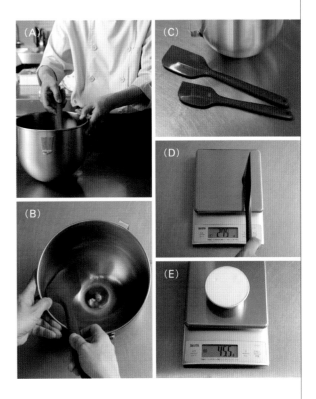

焼成

・ 本書で使用したオーブンは、ミーレ社（ドイツ）製の電気コンベクションオーブン。他の小型オーブンでも同じように焼けるが、時間や温度はそれぞれ調整する。

・ 予熱は焼成温度より20℃上げ、生地を入れたら20℃下げる。

・ 写真のオーブンは、長さ14cmのパウンドケーキは16台、直径17cmのシフォンケーキは6台、直径15cmの丸型は8台、直径16cmのタルト型は12台が一度に焼ける。

全卵共立て、シュガーバッタに適した混ぜ方
― ゴムべらの面で生地を混ぜていく ―

人差し指の第一関節の先をゴムべらの横にしっかりと当て、へらを押すように動かす。

▶動画を見る

パウンド混ぜ

https://youtu.be/0Nxdi5FbmkQ

バターの泡立てからはじまるパウンドケーキの生地に、粉を混ぜる方法。ミトンのパウンドケーキは、バターと卵に多くの気泡を含ませるため、その気泡につり合うまで粉を回数多く混ぜ込む必要がある。へらまたはカードの面に生地を垂直に当てて動かすようにすると、効率よく混ざる。生地に粘りが出やすいので、下記の混ぜ方を守ること。

3時の位置にゴムべらを入れ、へらを立てて直径を通り、中心を過ぎたところでへらを右に倒して（面を上に向ける）、へらをボウルの側面に密着させながら、生地を最大限にすくって9時の位置で上げる。すぐに生地をのせたままへらをボウルの中心に動かし、生地面が下を向くようにくるっと返してへらごと下の生地につける。ほぼ同時に左手でボウルを60度手前に回して位置を変える。へらを持ち直して再び3時の位置へ。リズミカルに一定のスピードでくり返す。

　手順写真は、キッチンエイドの付属ボウルを使い、軌跡がわかりやすいように泡立てた生クリームのみを混ぜたもの。

▶動画を見る

ジェノワーズ混ぜ

https://youtu.be/n8AqOqJsJ6w

ショートケーキなど共立てのジェノワーズに適した粉の混ぜ方。ロールケーキの後半でも使う。気泡の量と強さにつり合う回数で粉をしっかりと混ぜ合わせる。余計なグルテンを出さない混ぜ方で、シロップを打ったあともへたりがなく、均質で口どけのよい生地が焼ける。

ゴムべらのエッジをボウルに密着させて混ぜる。3時の位置から中心を通過して9時へ。へらを右へ倒して10時半まで斜め上に進ませ、同時に左手でボウルを60度回す（へらがボウルをなぞる距離がより長くなる）。へらを生地から出したら持ち上げすぎずに右側に戻り、へらを斜め60度に返して生地を落とし、3時の位置から混ぜることをくり返す。より多くの生地がへらに当たって移動するようにし、スピーディに混ぜて対流をつくる。生地を傷めることなく粉が混ざっていく。

▶動画を見る

ロール混ぜ

https://youtu.be/LN7zy-HSl6o

ロールケーキやバタースポンジの前半の粉の混ぜ方。生地に対して粉が少ないので混ざりにくく、粉ダマが残りやすい。これを防ぐための混ぜ方。まずスピードをつけてロール混ぜをし、粉を生地の中に散らしながら混ぜていく。粉けがなくなったら上のジェノワーズ混ぜで細かいきめをつくる。

3時の位置にゴムべらを入れて中心を通り、生地を最大量すくって9時の位置で上げる。ここでへらを返さず、右に移動しながら自然に裏返して3時に戻る。このときに左手でボウルを60度回す。ジェノワーズ混ぜより速くすることで、粉がうまく混ざり込んでいく。スピーディにくり返す。

別立て、メレンゲやムースなど泡を生かす混ぜ方
― ゴムべらのエッジで切り混ぜながら対流をつくる ―

▶動画を見る

シフォン混ぜ

https://youtu.be/SlYn8ql-Eec

卵黄生地とメレンゲを混ぜるときのやり方。
しっかりと立てたメレンゲは生地になじみ
にくいので、へらのエッジを斜めに傾けて
対流をつくるように切り混ぜていく。

ゴムべらのエッジで生地を斜めに切り込めるように、人差し指の
先を柄の横に当てて、へらの面が斜め上を向くように持つ。

ゴムべらのエッジを3時のところから斜めに直線的に切り込ん
で、9時の位置（深さは底から1/3くらい）に当てる。このと
き左手でボウルをしっかり支える。ボウルの側面にへらを当て
たら上に5cmほどはらい上げる。そのときに左手でボウルを
手前に回す。へらはそのまま右に移動し同様に混ぜる。スピー
ドをつけて対流を作る（写真は、斜め右から撮影）。

手わざ II　3種のフレゼ

▶動画を見る

ミトン流フレゼ

https://youtu.be/RruqLyJG3XU

クッキー生地はバターに細かい気泡を含ませてから粉を合わせる。そのあとカードを使ったフレゼで空気を抜き、生地のきめを整える。口どけがよくなり、さらさらと崩れるような食感になる。泡立てなし生地でも使う。

▶動画を見る

手まるめフレゼ

https://youtu.be/2YBD7_PTcIw

左のミトン流フレゼよりも、さらに強く圧力をかけてきめを整えるために行う。より繊細な食感を生む。手のひらの上で生地に均一な圧力をかけてきめを整え、成型する。

▶動画を見る

絞りフレゼ

https://youtu.be/yPpzOIuPyjs

ミトンの絞り出しクッキーは、バターを最大限に泡立ててから粉を合わせる。口金の絞り口を狭くして、絞り出す段階でフレゼの効果を出したのが、絞りフレゼ。厚みを抑えて焼いた生地は、さくさくとした食感とバターの風味が増す。

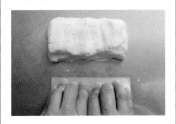

カードの直線側に、両手の指先を平行にそろえて、均等な力が入るようにする。裏側から親指で支える。生地をカードの幅より少し短くまとめておく。

生地の手前から1.5～2cmほどのところにカードを挿し込み、作業台に生地を3～4mm薄く残すようにして、スピードをつけて手前に8cmほど引く。同じようにくり返す。最後に左右にはみ出た生地も残さずフレゼする。

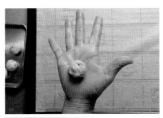

ぴんと張った手のひらに生地をのせて、反対側の手を重ねて3～4mmの厚さになるように圧力をかけてつぶす。生地をひねりつぶすように、両手のひらを密着させたまま左右逆に7～10回ほど回す。しっかりと圧力をかけたら、手のひらの間を少し開けて球状に丸め、続けて成形する。フレゼした生地はツヤが出る。

星形の口金は先端を作業台などに押しつけて、開きを狭くしておく。この口金を通して絞り出すことで、生地に適度な圧力がかかり、フレゼの効果が出る。絞り出すときは、できるだけ低い位置から天板に軽く押しつけてスピーディに力を込めて絞り、それが圧力になる。

大ボウルでの混ぜ方

マシンで生地を撹拌したあと、付属のボウルでは容量が足りない
ときや、レシピを増量したときなどは、大ボウルに移して粉や別
の生地やメレンゲを混ぜ合わせる。このときはゴムべらではなく
カードを使い、p.22〜の混ぜ方と同じように、生地に適した混
ぜ方をする。右の写真はパウンドケーキを増量したときのもので、
パウンド混ぜ（p.22）でボウルの底からしっかり生地を合わせ、
めざす状態に合わせて混ぜる回数を調整する。

長年使い込んだカード。
適度に湾曲してボウル
の面にフィットするので
使いやすい。

レシピの増減

・電卓の「定数計算」機能が便利

ア		ウ		オ
0.75	**× ×**	**300**	**=**	**225**
	イ		エ	
	×を2回押す		＝（イコール）を1回押す	

300gウの75％アは225gオになる。ア〜エ
を入力するときに×を2回押すことで、0.75と
いう「定数ア」を固定できるので、2回目以
降はウ、エのみを入力すれば連続して計算で
きる。一定のかけ率でレシピの増減を算出す
るときに便利。

※これは一般的な電卓を用いた方法、一部のスマー
トフォンでは、「最後に押した数字が定数」になるた
め、最初だけアとウを入れ替えて計算する。そのあ
とでウとエを入力するのは同じ。

参考：キッチンエイドを使った仕込み量の目安

	付属ボウルの最大量	36cmのボウルの最大量
ジェノワーズ	全卵300gまで （5号3台）	全卵300〜460gまで （4号5台）
パウンドケーキ	バター260gまで （14cmパウンド型4本）	バター260〜520gまで （同左6〜8本）
メレンゲ（シフォン）	卵白320gまで	―
サブレ類	バター450gまで	―
生クリーム	1.5リットルまで	―

冷凍保存

・冷凍保存に向くもの

作業の効率性やロス軽減の面でも、味に変化のない生地やクリーム、コンポートなどは冷凍庫を活用する。生地類はラップで密閉してからマイナス10℃以下の冷凍庫に入れ、3週間を目処に使いきる。焼成後に冷凍するのは、ジェノワーズ生地、シュー皮、チョコレートケーキ、チーズケーキ（一部）。焼成前に冷凍するのは、型に敷き込んだタルト（ブリゼ）生地、ダマンドを詰めたタルト、アイスボックスクッキー、焼く前のクッキー類など。また、カスタード（生クリームを合わせる前）、栗のクリーム、金柑の甘煮などのコンポート類、ジャム、シロップなども冷凍可。

・冷凍保存に不向きなもの

パウンドケーキ、フィナンシェ、シフォンケーキは味や食感、香りが抜けてしまうので冷凍しない。

つくりはじめる前に

- 大さじ1は15ml（mL）、小さじⅠは5ml、1mlは1ccです。
- 卵はMサイズを使用します。液卵、凍結卵などの加工卵は使いません。
- バター（発酵、非発酵とも）は食塩不使用を使います。
- 生クリームは乳脂肪分47%（中沢乳業）を使用します。
- 粉糖はコーンスターチなどを添加していない純粉糖を使用します。かたまりやすいので、使う直前にかならずふるいます。
- 薄力粉、カカオパウダー、ナッツパウダーなどの粉類はふるってから使います。粒子の細かいものは使う直前に再度ふるいます。
- バニラビーンズはしごいて、さやから出して使います。残ったさやはシロップなどの香りづけに活用できます。
- バターとクリームチーズは約1.5cm厚さにカットし、ラップに包んで適温に調整します。温度のムラをなくし、乾燥を防ぎます。
- クーベルチュールはフェーブ状はそのまま、ブロックの場合はきざんでから使います。
- レモンはできれば国産でワックス不使用のものを求めます。皮は表皮のみをごく薄く削りとって使います。「レモンゼスト」は同じものです。
- クルミはとくに記載がない場合、160℃のオーブンで12〜15分間ローストし、7〜8mm角にきざんでから使います。
- アーモンドパウダーはアメリカ・カリフォルニア産のカーメル種を使用します。ナッツパウダーは混ぜ物のない、鮮度のよいものを選びます。
- 賞味期限は製造日からの日数を記しています。期間はおおよその目安です。
- 使用する材料や道具はp.128〜、補足レシピ（自家製の副材料）はp.126〜にまとめています。

- 本書掲載のレシピは、スタンド型の卓上ミキサー（キッチンエイド）を使うことを前提としています。アタッチメントで撹拌できる「最低量」と、付属ボウルに収まる「最大量」を記しています（一部）。ミキサーを使わないレシピの場合は、同じ条件でつくれる目安量です。
- キッチンエイドを撹拌中に「はらう」とある場合は、一度マシンを止めて、ゴムべらでボウルの側面やアタッチメントに付いた生地やクリームなどをはらい落とし、中央に寄せます。
- キッチンエイドの速度と混ぜ時間、オーブンの温度と焼き時間はあくまでも目安です。お手持ちの機種や機器のクセに合わせて調整してください。また、生地量を増減したときも同様です。

小仕込みの
ためのレシピ

パウンドケーキ
Pound Cake

シュークリーム
Cream Puff

フィナンシェ
Financier

シフォンケーキ
Chiffon Cake

ショートケーキ（ジェノワーズ）
Shortcake

チーズケーキ
Cheesecake

チョコレートケーキ
Chocolate Cake

バナナケーキ
Banana Cake

キャロットケーキ
Carrot Cake

タルト（ブリゼ）
Tart

クッキー
Cookie

Pound cake
パウンドケーキ

【ダブルチョコ】 チョコレート生地のクーベルチュールとチョコチップは、どちらもカカオ分が高めのビターな味わい。バニラの生地と交互に味わうのがおすすめ。

【バニラ】 人気の定番。シンプルなだけに、口どけのよさやきめの細かさがいちばん伝わる基本生地。

【カラメルくるみ】 苦みを効かせたカラメル生地と、香ばしいクルミを混ぜたバニラ生地。お互いを引き立て合う。

【スパイスマーブル】 バニラやバターに合うようブレンドしたスパイスで。均一に混ぜないことが食べ進みやすさにつながる。

【金柑】 露地物の金柑をグラニュー糖だけでつくる甘煮と、ゴマの組み合わせ。発酵バターの温かい風味によく合う。

ほかでは味わえないしっとり、ほろりとした口どけと、生地のきめ細かさが特徴のパウンドケーキ。基本のバニラパウンドは、バター、砂糖、卵、粉が同量ずつ入る定番の4同割とほぼ同じで、この配合を伝えると同業者ほど「4同割とは思えない軽やかな口あたり」「バタースポンジにありがちな、かたく締まった重さがない」と驚かれる。もちろん、転化糖や水あめ、牛乳などの水分は加えていない。口どけのよい生地をつくるポイントは、最初にバターと砂糖、卵をしっかりと泡立てて空気をよく含ませること。そして、でき上がった気泡につり合うように、適切な混ぜ方で100回以上、マシンではなく手で粉を混ぜ込むこと。グルテンや粘りを出さない、この混ぜ方こそ職人の技術（＝手わざ）で、手間をかけてていねいにつくる小仕込みのメリットを感じている。

パウンドケーキのポイント

POINT 1

温度管理が最重要。
バターは22℃で泡立てる

パウンドケーキは温度管理がとくに重要。バターは22℃のやわらかい状態で泡立てはじめ、途中の生地もこまめに温度を計る。バターの温度が上がりやすい夏は、最初に加える卵を17℃に、最後（4回目）の卵はさらに冷やして、混ぜ終わりの生地は18℃をめざす。こうするとバターが溶けないので生地がダレない。粉も18℃まで冷やして加える。逆に、冬は砂糖と卵を22〜26℃、粉は22℃にしたものを加え、生地は21℃を保つようにする。

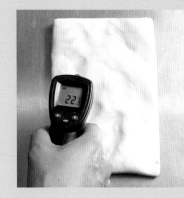

POINT 2

バターはしっかり泡立てる

バターと砂糖をマシンの中速で5分間、卵を加えてその都度3分〜3分半、合計17〜20分間ほど攪拌し、バターにしっかりと空気を含ませる。最終的にはかさが倍くらいになる。この工程がふんわりとした軽い食感と口どけをつくる。

POINT 3

ボウル内をこまめにはらい
卵を均一に混ぜ込む

泡立てた卵とバターは混ざりにくいため、こまめにボウル内をはらって混ぜムラをなくす。卵を加えたら軽く攪拌し、一度マシンを止めて、側面をはらってから再びしっかりと攪拌する。卵を加える4回とも同じようにすることで、ムラなくスピーディに混ざる。

POINT 4

粉合わせはゴムべらで90〜110回

従来の方法では、粉はマシンで大まかに混ぜるが、それではせっかくの気泡を殺してしまい、ふんわりとした食感は生まれない。粉合わせの段階でマシンからはずし、ゴムべらに持ち替えて手で混ぜ込んでいく。パウンド混ぜ（p.22）は、バターや粉が多く、比較的抵抗感のある生地を混ぜる方法。ボウルを自分の右肩前に置き、左手で60度ずつ手前に回しながら、3時の位置から9時に向かって、ボウルの中心を通るようにへらを大きく動かして混ぜる。

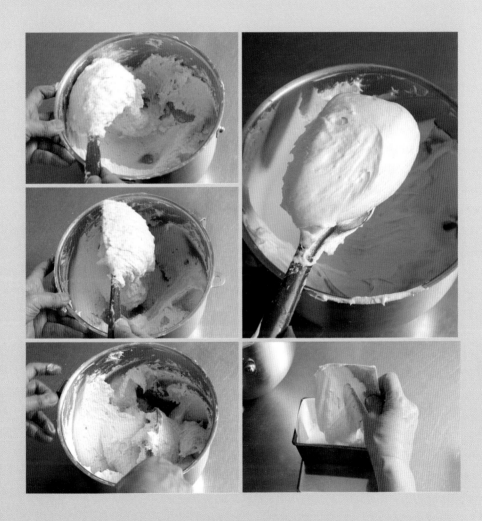

POINT 5

短く小さい焼き型を使う

独自に開発したオリジナルのパウンド型は、幅8cm、長さ14cm、高さ6cmのサイズ。一般的なパウンド型と比べて長さが短いため、バニラの場合は33分間という短時間で焼き上がる。長さが20cmを超すと焼成に45分以上かかるため、上面と側面の焼き色が濃くなり、食感もかたくなる。その点、この型を使うとほどよいやわらかさで水分もとびにくく、ふんわり、しっとり焼き上がる。また、同じ小型でも幅が広いほうが口あたりがよい。

POINT 6

シロップはたっぷり打つ

焼き上がりは1台につき18gのシロップを打つ。周囲の紙はそのまま残して、上面にシロップをたっぷりと。パサつきを防止し、生地のしっとり感を出すために焼きっぱなしにはしない。パウンドには酒類を使わず、バニラのさやなどで風味をつけたシロップがよく合う。数時間で全体に行き渡るため、上面のベタつきや甘さは感じない。

POINT 8

賞味期限の声がけ

鮮度が命のパウンドケーキ。空気を多く含んでいるため、生地の中からも酸化がはじまり、日持ちがしない。冷蔵保存し、販売時は1週間で食べきるよう、お客さまに声がけする。

POINT 7

バリエーション

基本のバニラ生地を仕上げてから、生地の風味づけやフィリングを「あと入れ」できるため、バリエーションがつくりやすい。さまざまな素材で応用できるが、生の果実やコンフィチュールなど水分の出るものは適さない。

バリエーション	生地の風味づけ フィリングなど	シロップに 加える風味
ダブルチョコ	ガナッシュ +チョコチップ	カカオパウダー
金柑	キンカンの甘煮 +白ゴマ	――
スパイスマーブル	オリジナル ミックススパイス	オリジナル ミックススパイス
カラメルくるみ	カラメルベース +クルミ	カラメルベース
抹茶	抹茶	抹茶
オレンジ	オレンジゼスト +オレンジピール	オレンジゼスト
ほうじ茶や アールグレイなど	茶葉 (すりつぶす)	茶葉 (パウダー状)

ダブルチョコパウンド / バニラパウンド

＊ キッチンエイドでつくりやすい量（オリジナルのパウンド型４台分）。

＊ 途中まで同じ基本生地をつくり、でき上がりの一部にガナッシュを加えて、ダブルチョコ２台、バニラ２台に仕上げる。

＊ ４台ともダブルチョコにする場合は、ガナッシュとチョコチップ、チョコ用シロップを倍量にする（ガナッシュを加えた分だけ生地が締まるので型から溢れない。全量バニラにする場合は、ガナッシュを除く。）。

＊ 最低量は半量（パウンド２台分）。５台以上にする場合は、泡立てまでマシンで行ない、粉合わせから大ボウルに移して混ぜる（p.26）。

材料

（8×14×高さ6cmのパウンド型でダブルチョコ２台＋バニラ２台分）

基本のバニラ生地
発酵バター … 260g
グラニュー糖（細粒） … 260g
バニラビーンズ … 2〜3cm（1/5本）
全卵 … 220g
┌ 薄力粉（バイオレット） … 260g
└ ベーキングパウダー … 2.6g

ガナッシュ
┌ クーベルチュールチョコレート
│ （ヴァローナ・グアナラ／カカオ分70％） … 53g
│ （ペック・スーパーゲアキル／同64％） … 17g
└ 生クリーム … 30g

チョコチップ（ペック） … 50g

シロップ
┌ グラニュー糖 … 20g
│ バニラのさや … 6cm
└ 水 … 100g

　　ダブルチョコ用（上記の半量分）
　　カカオパウダー（ペック） … 2g

準備

• バターは22℃にする。

• 卵は加えるはじめるときに夏は17℃、冬は22〜26℃にする。

• 薄力粉とベーキングパウダーを合わせて、夏は冷やし、冬は温める。

• シロップの材料を合わせて、バニラの香りをうつすため、72gになるまで軽く煮詰める。36gをバニラ生地用に、36gにココアパウダー2gを混ぜてダブルチョコ用にする。

• 型にロール紙を敷き込む。

オーブン

予熱200℃、焼成180℃

工程

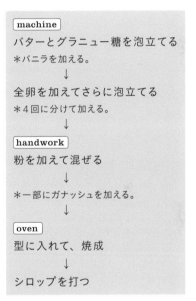

machine
バターとグラニュー糖を泡立てる
＊バニラを加える。
↓
全卵を加えてさらに泡立てる
＊4回に分けて加える。
↓
handwork
粉を加えて混ぜる
↓
＊一部にガナッシュを加える。
↓
oven
型に入れて、焼成
↓
シロップを打つ

食べごろと賞味期限

• 食べごろは2〜6日間。

• 賞味期限はバニラは10日間、バリエーションは12日間。

1 ガナッシュをつくる。きざんだクーベルチュールを湯せんにかけ、沸かした生クリームを加えて、泡立て器で混ぜてなめらかにする。

2 基本のバニラ生地をつくる。キッチンエイドのボウルにバター、グラニュー糖、バニラビーンズを入れて攪拌する（a）。混ぜ終えたら一度ボウル内をはらう。

キッチンエイド・ビーター

Ⓢ **4**

Ⓣ **5分間**

Ⓑ **白くふわっと泡立ち、持ち上げた先端にゆるやかな角が立つまで**

3 卵を4回に分けて加え、その都度約3分間攪拌する。卵を加えて20〜30秒攪拌したら、一度ボウルの側面をはらい、そのあとしっかり攪拌する。2度めからも同じように少し混ぜたら側面をはらって均一にする（b）。

＊生地温度を21℃前後に保つ。混ぜ終わりが18℃になるように調整する。夏は最後の卵を冷やして加え、バターがダレるのを防ぐ。

＊寒いときはドライヤーでボウルを温める。

（同）

Ⓢ **2**

Ⓣ **各3分間×4＝計12分**

Ⓑ **かさが倍以上になり、生地の縁がボウルからはがれ始めるくらいまで（c）**

Ⓓ **55〜60g**

4 ボウルをマシンからはずして、側面をはらう。粉を入れ（d）、ゴムべらに持ち替えてパウンド混ぜをする（e）。

パウンド混ぜ（p.22）

Ⓝ **95〜100回**

Ⓑ **なめらかになり、ふんわりとした生地になる**

Ⓓ **74〜80g**

5 生地を型に入れる。バニラは1台につき240g、ダブルチョコ（下の層）は1台につき110gを入れる。バニラは台に軽く落として型の四隅に生地を行き渡らせてから、中心部を低く、両端を高くなるように生地を整える。

＊流れる生地ではないので、カードですくって型に入れる。

6 残りの生地（約260g）に**1**のガナッシュを24℃以上のゆるい状態で加える。均一に混ざったら、チョコチップを加えてさらに混ぜる（f）。

（同）

Ⓝ **ガナッシュを入れて20〜25回／チョコチップを入れて3回**

Ⓑ **ガナッシュが均一になるまで／チョコチップは全体に散るまで**

7 **5**のダブルチョコに**6**の生地を1台につき約178gずつ重ねて入れ、表面を同様にならす（g）。

8 180℃のオーブンでバニラは33分間、ダブルチョコは37分間を目安に焼く。ふくらんで割れた部分にもうっすらと焼き色つくまで焼く。

9 オーブンから出して、軽く台に落として焼き縮みを防ぎ、すぐに型からはずす。敷き紙はつけたまま、熱いうちにそれぞれ上面にシロップを打つ（h）。そのまま冷ます。

10 OPPシートかラップで包み、冷蔵保存する。

(a)

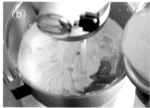
(b)

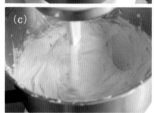
(c)

(d)

(e)

(g)

(h)

カラメルくるみ

材料 （パウンド型2台分）

基本のバニラ生地（p.35）… 480g（1/2量）
カラメルベース（p.126）… 50g
クルミ（ローストする）… 40g
煮詰めた基本のシロップ … 36g

シロップ
［ グラニュー糖 … 10g
  水 … 30g
カラメルベース … 小さじ約1/2

1　カラメル風味のシロップをつくる。小鍋に水と砂糖を合わせてひと煮立ちさせ、カラメルベースを加えて溶かす。

2　基本生地のうち220gにローストしたクルミを加え、パウンド混ぜで3回ほど混ぜる。

3　残りの基本生地260gにカラメルベースを加え、パウンド混ぜで15〜20回混ぜて均一なカラメル色にする。

4　ダブルチョコ（左ページ）と同様に生地を2層にする。1台につき**2**のクルミの生地を130g、その上に**3**のカラメル生地を155g入れて、型の両端が高くなるようにならして整える。

5　180℃のオーブンで35分間を目安に焼き、**1**のシロップを1台につき18g打つ。

スパイスマーブル

材料 （パウンド2台分）

基本のバニラ生地（p.35）… 480g（1/2量）
ミックススパイス（p.126）… 12〜15g

シロップ
基本のシロップ（p.126）… 36g
ミックススパイス … 小さじ約1/3

1　基本生地にミックススパイスを加えて、パウンド混ぜで7〜10回混ぜ、マーブル状にする。

2　1台につき約240gを型に入れて、基本のつくり方と同様に整える。

3　180℃のオーブンで35分間を目安に焼き、スパイスを混ぜたシロップを打つ。

金柑

材料 （パウンド2台分）

基本のバニラ生地（p.35）… 480g（1/2量）
金柑の甘煮（p.126）… 80g
白ゴマ … 10g

1　金柑の甘煮は、1きれ（半割）をさらに半分に切る。

2　白ゴマは鍋で炒る（分量以上をまとめて炒る）。

3　基本生地に**1**の金柑を入れて、パウンド混ぜで10〜15回混ぜる。

4　1台につき280gを型に入れて、基本のつくり方と同様に整え、**2**のゴマをまんべんなくふる。

5　180℃のオーブンで35分間を目安に焼く。

【フルーツケーキ】基本のバニラ生地でつくるフルーツケーキ。たっぷりのドライフルーツとナッツを加えるが、レーズン以外は洋酒に漬け込まず、市販のフルーツ漬けも使わない。アンズ、クランベリー、オレンジなど香り高いフィリングをちりばめた華やかなケーキで、キルシュ入りのシロップでフルーティさを引き立てる。2週目くらいから味がなじんで一体化する。

パウンドケーキのバリエーション

フルーツケーキ

＊ 基本のバニラ生地（p.35）の約半量でつくる（パウンド型2台分）。
＊ ドライフルーツとナッツが入るため、生地量を減らしている。これらの大きめのフィリングは、
　バター重量の230％まで加えることができる。

材 料

（容量400〜500mlのクグロフ型2台分、
または p.35 パウンド型2台分）

基本のバニラ生地（p.35）… 450g

- ラム酒漬けのレーズン（下記）… 80g
- ドライプルーンの紅茶煮（p.127）… 25g
  ＊やわらかいプルーンはそのまま使う。
- 乾燥あんずの甘煮（p.127）… 25g
- ドライクランベリー … 25g
- オレンジピール（市販）… 40g
- クルミ … 40g

シロップ
- グラニュー糖 … 20g
- 水 … 30g
- キルシュ … 40ml

準 備

- レーズンはラム酒に漬けて2週間ほどおく。
- ドライフルーツ類はすべて7〜8mm角にきざむ。
  オレンジピールのみ、洗ってからカットする。
- シロップはグラニュー糖と水をひと煮立ちさせ、
  冷めてからキルシュを加える。
- クグロフ型にはバターを塗り、薄力粉（ともに分
  量外）をはたく。パウンド型には基本と同様に
  ロール紙を敷き込む。

オーブン

予熱200℃、焼成180℃

食べごろと賞味期限

- 食べごろは2週間め以降。
- 賞味期限は30日間。

1 基本生地にきざんだドライフルーツとクルミを加え
て、パウンド混ぜで15〜20回混ぜ、フィリング
が均一になるよう混ぜる（a）。

2 1台につき約半量を型に入れる。クグロフ型は
中央部のえんとつの周りを低く、縁を高く整える
（b）、180℃のオーブンで35〜40分間、上面に
焼き色がつくまで焼く。
＊クグロフ型の場合は、型の内側の縁から生地がはがれ
はじめたら焼き上がり。

3 すぐに型からはずし、熱いうちにシロップを全面
に打つ（c）。

全卵共立てのパウンドケーキ

ジェノワーズのように卵を泡立ててつくるパウンドケーキで、配合は基本生地
（p.35）とほぼ同じ。溶かしバターが入るのが特徴で、粉を最後に加えるため、
混ぜる回数を抑えることができ、ふんわりとした生地に仕上がる。

ウィークエンド

レモンケーキ

バターの一部をサワークリームに替えて
いる。サワークリームの酸味がレモンの香
りを引き立てるのはもちろん、しっとり感
や風味がバターだけのときよりも増す。

きび砂糖のガトー・カンパーニュ

こくのある風味豊かなパウンドケーキ。つくり
方はウイークエンドと同じだが、きび砂糖を使
うと卵が泡立ちにくく、混ぜるときもねばりが
出やすいので、卵の温度を高めにしてつくる。

パウンドケーキ（全卵共立て）のポイント

POINT 1

卵の泡立ては中〜高速

卵よりも砂糖が多く（約1.08倍）泡立ちにくいため、湯せんで45℃に上げてからマシンで攪拌する。速度はジェノワーズ（p.74）より速く、かける時間も長め。ジェノワーズほどふっくら泡立たず、さらりとした感じになる。

POINT 2

溶かしバターは60℃以上を保つ

ウィークエンドはバターとサワークリームを、ガトー・カンパーニュはバターを溶かしたあと、卵に加える時点まで60℃以上を保つ。温度が低いと卵液の温度が下がって生地がかたくなり、粉を練ってしまうのでふんわりと仕上がらない。

POINT 3

溶かしバターは、混ぜ残しがないように

卵を泡立てたところに溶かしバターを加えたら、まずマシンで混ぜ、そのあとでゴムべらに持ち替えてよく混ぜる。ボウルの底や側面に残りやすいので、大きく混ぜてよく点検を。粉合わせのときに液状のバターが出てくると、混ぜにくく、不均一な生地になる。

POINT 4

重たい生地の粉合わせは混ぜ方を工夫する

砂糖が多く、溶かしバターを加えた重たい生地は、粉が混ざりにくい。手で混ぜるのにも工夫が必要で、ゴムべらの面に生地を当てるようにして効率的に混ぜ、きめの細かい、粘りのない生地をつくる。粉を入れて最初はロール混ぜ、粉が見えなくなったらジェノワーズ混ぜ（ともにp.23）できめ整えるようにゆっくり混ぜる。急いで混ぜないように気をつける。生地がなめらかになったら混ぜ終わりで、サラサラになるまで混ぜない。

ロール混ぜ

ジェノワーズ混ぜ

ウィークエンド / レモンケーキ

＊ キッチンエイドでつくりやすい量（オリジナルのパウンド型4台分）。
＊ 途中まで同じ生地をつくり、焼成時の型と仕上げのグラス類を変えて、
　 ウィークエンドをレモンケーキにする。
＊ 4台ともウィークエンドにする場合は、仕上げのジャム、グラス類を倍
　 量にする（レモンケーキの場合も同様）。
＊ 焼成前の生地がやわらかいため、ドライフルーツやナッツ、チョコレー
　 トなどの大きい具材は沈みやすく、適さない。
＊ 最低量は半量（パウンド2台分）。

材料

（8×14×高さ6cmのパウンド型2台
　＋約66mlのレモンケーキ型12個分）

全卵 … 240g
グラニュー糖（細粒）… 260g
┌ 発酵バター … 180g
│ サワークリーム … 80g
└ レモンの表皮（すりおろす）… 3〜4個分
薄力粉（バイオレット）… 260g

シロップ
┌ 水 … 120g
│ グラニュー糖 … 40g
└ レモンの搾り汁 … 60g

仕上げ（ウィークエンド／パウンド2台分）
アプリコットジャム（市販）… 65g

グラス・ア・ロー
┌ レモンの搾り汁 … 6g
│ 水 … 6g
└ 粉糖 … 65g〜

仕上げ（レモンケーキ／レモン型12個分）
アイシング
┌ レモンの搾り汁 … 10g
└ 粉糖 … 65g
レモンの皮の甘煮（下記）… 適量

準備

● レモンの皮の甘煮は、レモンの表皮を細く削り
　とり、グラニュー糖適量をまぶして指先ですり
　込むようにしてなじませたもの。
● パウンド型にロール紙を敷き込む。レモンケー
　キ型にはやわらかくしたバター（分量外）を塗っ
　ておく。

オーブン

ウィークエンド　予熱200℃、焼成180℃
レモンケーキ　予熱190℃、焼成170℃

＊オーブンがひとつの場合は、180℃で焼いてレモンケーキの焼き
時間を短くする。

工程

卵とグラニュー糖を湯せんにかける
＊バターとサワークリームを溶かしておく
↓
machine
卵を泡立てる
↓
溶かしたバターとサワークリームを加え、混ぜる
↓
handwork
粉を加えて混ぜる
↓
oven
ウィークエンド／レモンケーキの型に入れて、焼成
↓
シロップを打つ
╱╲
ウィークエンドに　　　　　レモンケーキに
アプリコットジャムを塗る　アイシングを塗る
↓
グラス・ア・ローを塗って、
オーブンで乾燥

食べごろと賞味期限

● グラスやアイシングをかけたら
　食べごろ、賞味期限ともに当日中。
　生地だけなら4〜5日間冷蔵保存可。

1 鍋にバターとサワークリームを入れて火にかけ、沸騰直前で火を止めて、レモンの皮を加える。卵に加えるときに60℃以上になるよう保温する。

2 キッチンエイドのボウルに卵を入れて軽くほぐし（a）、グラニュー糖を加えて泡立て器で混ぜる。湯せんにかけて約45℃まで温め、マシンにセットして攪拌する（b）。泡立てはじめの温度は45℃に。

キッチンエイド・ホイッパー
Ⓢ 8〜9
Ⓣ 6分間
Ⓑ すくうとたらりと落ちて、一度跡が残ってから消えるくらい
Ⓓ 30〜35g

3 速度を落として生地のきめを整え気泡の数を増やす。

（同）
Ⓢ 1
Ⓣ 3分間
Ⓑ 大きな泡が消え、小さな泡だけになってきめが整う
＊ 比重は変わらない

4 攪拌しながら、**1**を少しずつ加える（c）。ボウルをマシンからはずし、ゴムべらで底からすくって溶かしバターが沈んでいないか確認する。一度はらう。

（同）
Ⓢ 1
Ⓣ 1分間

5 粉を加え、ゴムべらで混ぜる（d）。

ロール混ぜ（p.23）
Ⓝ 40〜45回
ジェノワーズ混ぜ（p.23）
Ⓝ 40〜45回
Ⓑ 全体が均一になりつやが出て、ふわりとしているが流れる状態
＊途中でボウルの側面をはらう。

Ⓓ 71〜75g
＊比重が小さい（軽すぎる）ときは、さらに5〜10回混ぜて気泡の数を減らす。

6 生地をそれぞれの型に流し入れる。パウンド型には各240g、レモンケーキ型には各40g入れる（e、f）。

7 ウィークエンドは180℃のオーブンで33分間、レモンケーキは170℃で24分間を目安に焼く。ウィークエンドは、ふくらんだ割れ目にも焼き色がつき、レモンケーキは全体に焼き色がついて生地が型からはがれはじめるまで焼く。

8 オーブンから出し、すぐに型からはずす。ウィークエンド、レモンケーキとも温かいうちに全面にシロップを打ち、完全に冷ます。

9 〈ウィークエンドの仕上げ〉**8**の表面に熱したアプリコットジャムを塗り、30分間以上室温で乾かす。

10 グラス・ア・ローをつくる。レモン汁と水に、粉糖の2/3を加えてよく混ぜてから、残りの粉糖を混ぜ合わせる。**9**の上面と側面に、パレットナイフでむらなく塗る（g）。240℃以上のオーブンで2〜3分間、表面が透明になるまで火を入れる。

11 〈レモンケーキの仕上げ〉アイシングをつくる。レモン汁に粉糖の2/3をよく混ぜてから、残りの粉糖を加える。**8**にスプーンの背で厚くなりすぎないように筋をつけて塗り（h）、室温で乾かす。レモンの皮の甘煮を飾る。

(a)

(b)

(c)

(d)

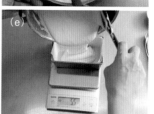

(e)

(f)

(g)

(h)

きび砂糖のガトー・カンパーニュ

＊ キッチンエイドでつくりやすい量（12cmの丸形4台分）。

＊ 基本的なつくり方はウィークエンド（p.43）と同じだが、きび砂糖は泡立ちにくいため、湯せんの温度を高めにする。

＊ このケーキはパサつくことがないため、シロップを打たない。

＊ 最低量は半量（丸形2台分）。増量する場合は、泡立てまでマシンで行ない、粉合わせから大ボウルに移して混ぜる（p.26）。

材料

（直径12cmの丸型4台分、または8×14×高さ6cmのパウンド型4台分）

全卵 … 240g

⎡ きび砂糖 … 200g
⎣ グラニュー糖（細粒）… 60g

発酵バター … 260g

⎡ 薄力粉（バイオレット）… 260g
⎣ ベーキングパウダー … 2.5g

ケシの実（白）… 適量

準備

● 型にロール紙を敷き込む（p.74.75）。

● 薄力粉とベーキングパウダーを合わせる。

1 ウィークエンド（p.44）のつくり方とほぼ同じ。きび砂糖とグラニュー糖を合わせて卵に加える。

2 1を湯せんにかけて48℃まで温め、マシンで泡立てる。泡立てはじめは46℃に。撹拌のスピードと時間、きめを整えるのは同じ（a）。
*比重は37〜40g

3 60℃以上の溶かしバターを加え（b）、速度**2**で20秒を目安に撹拌する。へらで混ぜムラがないか確認する。

4 ふるった粉類を加え、ロール混ぜを47回くらいで粉けが見えなくなったら、ジェノワーズ混ぜ（ともにp.23）40〜45回を目安に、均一になるように混ぜる（c）。途中ボウルをはらうのも同様。
*比重は84〜87g

5 1台につき240gを型に入れて、ケシの実をふる（d）。

6 180℃のオーブンで約33分間焼く。

オーブン

予熱200℃、焼成180℃

食べごろと賞味期限

● 食べごろは翌日から6日間。

● 賞味期限は10日間。

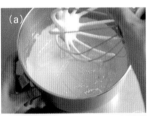

Cream puff
シュークリーム

看板商品のミトンズシュー。小ぶりだが、ひと口ほおばると濃厚なクリームが口いっぱいに広がり、すっと消える。唯一無二の味わいで、このシュークリームを目当てに通い続けてくださるお客さまも多い。

ミトンズシュークリーム

奥は、ビスケットをのせたシュー。甘さとさっくりした歯ごたえが加わるので、甘い香りのココアクリームが合う。クリームは写真奥から、ココア、黒ゴマ、抹茶、ピーナッツ。

いつもできたて、クリームの詰めたてを味わえるミトンズシュー。人気の秘密は、やはりこの濃厚なカスタードクリームで、従来の製菓の常識からはかけ離れた、いくつかの手法とたくさんの手間がかかっている。20分ほどかけて炊き上げた濃くてかたいカスタードは、ほぐしてやわらかくなるまで練り、そこへ高脂肪の生クリームをかたく泡立ててサッと混ぜ込む。カスタードに対して70％量の生クリームを使う。卵と乳、どちらの味わいも引き立つように混ぜるのにはコツがあり、均一に混ぜると平板な味になってしまうため、あえてムラを残すように合わせている。

シュークリームのポイント

POINT 1

卵黄と砂糖はサッと混ぜる

カスタードのほっくりした味は卵黄から出るもの。長年の経験から、卵黄は白くなるまで混ぜると味が薄くなることに気づいた。ここでは卵黄の黄色みが強く残るように、グラニュー糖を加えたらサッと短時間ですり合わせる。

POINT 2

「焦げ」ができるまで練るように煮詰める

一般的なクレーム・パティシエール（カスタードクリーム）は、沸騰したら1分ほどで火からおろすが、ミトンのカスタードは違う。時間をかけて練るように煮詰めて、卵の味を濃く仕上げるが、煮詰め方にコツがある。常に鍋中がふつふつとしている状態で、鍋肌にクリームをつけるようにして広げ、空気に触れる表面積を大きくして水分をとばす。鍋の形状に合わせてカットした専用のへらで、底からかき上げるようにへらを前後に、リズミカルに動かし続ける。ガスの外火で鍋の側面に強く火を当て、その内側でカスタードを煮詰めていくが、側面をはらう（ぬぐう）のは3回くらいまでに止める。はらい過ぎると煮詰まらない。沸騰して8〜9分ほどで鍋底と側面に焦げがつき、10分以上経過すると焦げが濃くなるが、これが重要。クリームがぽってりとしてきたら火を止め、コクを増すための発酵バターを加える。

POINT 3

鍋肌の「焦げ」を溶かし込む

バターがよく混ざったら、7〜8分間そのまま放置。その間に焦げがふやけてクリームになじみやすくなる。この焦げは黒く苦いものではなく、カスタードが煮詰まった「濃厚な生キャラメル」のようなもの。この焦げをへらで削りとり、カスタードに混ぜ込む。これで70％量の生クリームに負けないカスタードの味ができる。焦げを混ぜ込んだらバットに広げ、表面をラップで覆う。下からは氷水を当て、上には保冷剤をのせて急冷する。こうすると弾力が出てほっくりと仕上がり、雑菌の繁殖も抑えられる。

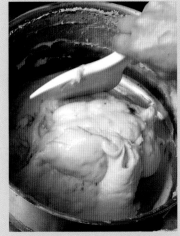
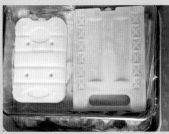

POINT 4

カスタードはマシンにかけてやわらかく

急冷してかたくなったカスタードは、キッチンエイドで撹拌してほぐす。マシンにかける前にダマがないか確認し、指で押してつぶれない塊のみ取り除く。中速で6〜7分間ほど撹拌し、やわらかいクリーム状になればOK。たらりと流れるほどにはしない。

POINT 5

生クリームは分離直前まで泡立てる

中沢乳業の乳脂肪分47％の生クリームを、ぼそっとするまでかたく泡立てる。これも味の決め手のひとつ。カスタードと合わせても、存在感があり、ダレたりやわらかくなったりしない。この生クリームはかたく泡立てても、口どけがよい。

POINT 6

クリームは不均一に混ぜる

カスタードと生クリームは10：7比で合わせる。完全に均一に混ぜると単調な味になってしまうため、あえてムラを残して混ぜることで、卵と乳、それぞれのほっくりした心地いい食感を残す。ゴムべらを使うと混ざり過ぎるので、硬くてしならない穴あきの竹べらを使う。生クリームが溶けやすいので、皮に絞るときは手早さも必要。

POINT 7

シュー生地には普通のバターを使う

シュー生地には発酵バターを使わず、脇役に徹する。ほどよい控えめな香ばしさで、かた過ぎず、やわらか過ぎないシューの皮は、クリームのコクとうまみに寄り添う。

POINT 8

シュー皮は焼成して冷凍

1日に100個以上売れるシュークリームもまとめて仕上げず、5〜20個ずつこまめにクリームを詰めて販売する。必要なときに焼き立てのシュー皮を使えるように、シュー生地は焼き上がったものを冷凍してストック。オーブンで2分間火を入れて、パリっとした皮にクリームを詰める。絞った生地を冷凍して焼く方法もあるが、冷凍生地は焼成に時間がかかり、そのままではきれいにふくらみにくい。

POINT 9

バリエーション

クリームの仕上げ時に、あと入れで風味を加えることができる。クリームの食感に影響しにくいので、粉末やペースト状のものが扱いやすい。シュー生地にはビスケット生地をのせて焼くとより丸くふくらみやすくなり、食べごたえも出る。

	クリームのバリエーション		
クリーム100g	抹茶小さじ1＋粉糖小さじ1/2		
	ココアパウダー小さじ1と1/2		
	ピーナッツペースト12〜15g		

＊ 粉類はふるいながら加える。ベリー類のパウダー、インスタントコーヒー（粉末）などでも。
＊ カカオパウダーはカカオ分が高く、風味のよいベック、ヴァローナ製などを使う。
＊ ペースト類はアーモンドやヘーゼルナッツのペースト、黒練りゴマなどでもいい。

ミトンズシュークリーム

＊ カスタードは内径25cmの銅鍋で炊きやすい量（約60個分）。
＊ シュー生地はキッチンエイドでつくりやすい量（約60個分）。
＊ 最低量はそれぞれ半量（約30個分）。

材料

シュー生地（約60個分）
A 牛乳 … 150g
　水 … 150g
　バター … 120g
　グラニュー糖 … 5g
　塩 … 1g
薄力粉（バイオレット） … 158g
全卵 … 6個（約300g）

カスタードクリーム（仕上がり約1.2kg／約60個分）
牛乳 … 1,260g
卵黄 … 282g
グラニュー糖（細粒） … 316g
　薄力粉（バイオレット） … 74g
　コーンスターチ … 39g
発酵バター … 66g

仕上げ
生クリーム … 800〜840g
粉糖 … 適量

準備

シュー生地
• 卵は20〜22℃にする。
• 天板にオーブンシートを敷く。
カスタードクリーム
• 薄力粉とコーンスターチを合わせる。
• バターは2cm角に切る。

食べごろと賞味期限

・食べごろはクリームを詰めてすぐ、賞味期限は当日中。
・カスタードは（生クリームを加える前）
　冷蔵で1日、冷凍で1週間保存可。
・シュー皮は焼成後、1週間冷凍保存可。

オーブン

予熱230℃
焼成210℃→180℃→150℃

工程

シュー生地
鍋で牛乳、水、バターと粉を練る
[machine]
練った生地に卵を混ぜる
＊4回に分けて加える
↓
[oven]
天板に絞り出して、焼成

カスタードクリーム
[handwork]
カスタードクリームを鍋で炊く
↓
バターを加える
↓
鍋のままおいて、焦げをふやかす
↓
急冷する

[machine]
カスタードクリームを練り直す
↓
生クリームを泡立てる
↓
[handwork]
カスタードクリームと生クリームを合わせる
↓
クリームを皮に絞る
↓
粉糖をふる

ミトンズシューのつくり方

［シュー皮］

1 鍋に**A**を入れて火にかけ、沸騰してバターが溶けたら火を止める。

2 薄力粉を加えて、泡立て器で手早く混ぜる（a）。

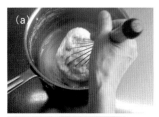

3 生地がまとまったら木べらに替えて、再び中火にかけ、鍋底に押しつけながら練るように炊く（b）。1分間ほどして鍋底にこびりつきはじめたら、キッチンエイドのボウルに移す。

4 はじめに軽く攪拌してから、ほぐした卵を4回に分けて加える（c）。卵を加えるたびに30〜40秒ずつ攪拌し、ときどきボウル内をはらう。状態を見て、必要であればかたさ調整の卵を加え混ぜる。

キッチンエイド・ビーター

S 2〜3

T 30〜40秒×4

B 均一なダマのないなめらかな生地にする。最後はビーターで生地を持ち上げると、さらっと落ちて三角形が残る（d）

5 丸口金を付けた絞り袋に生地を入れて、口金の先を天板の上1cmの位置まで近づけて、直径3.5cmほどに丸く絞り出す。生地にたっぷりと霧吹きで水を吹きかける（e）。

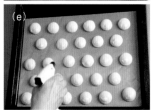

6 オーブンで焼成する。210℃で13〜15分間、180℃に下げて10分間、150℃で5分間焼く。上面の割れ目と底に焼き色がついたものから取り出す（f）。

＊高温で焼成中は、オーブンの扉を開けないこと。

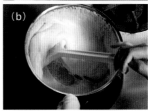

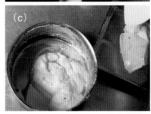

［カスタードクリーム］

1 カスタードクリームを炊く。専用の銅鍋に牛乳を入れて火にかけ、グラニュー糖の1/3〜1/2を加えて混ぜる。

2 ボウルに卵黄と残りのグラニュー糖を加えて、泡立て器ですり混ぜる。薄力粉とコーンスターチも入れて、なじませる。

3 **1**の牛乳を20秒間ほど沸騰させたら火からおろす。ひと呼吸おいてから**2**のボウルに注いで、泡立て器で軽くとろみがつくまで混ぜる。

4 こし網を通して**3**の鍋に戻し（a）、中火にかけて沸騰するまで練っていく。専用のゴムべらを底に密着させて、かき上げるようにして鍋の側面に当てながらよく混ぜる。抵抗がやわらぎ、つやが出てくる。

銅鍋で炊く（へらを動かし続ける）
P 中火強
T 5分前後
B 完全に火が通り、抵抗がやわらぎ、つやが出る

5 しばらくして中心がぽこっと沸騰してなめらかになったら、練りながら6分前後炊く（b）。常にへらを動かし続け、全体を均一に練る。

（同）
P 中火強
T 6分前後
B 鍋肌に少し焦げができ、側面から液状のカスタードがはがれるように落ちていく

6 火を弱め、側面全体にクリームをつけるようにして、さらに炊く。

（同）
P 中火弱（外火を消す）
T 4分前後
B 粘度が強くなり、鍋の側面に当てたクリームのはがれるスピードが遅くなる。鍋底の一部にもカラメル状の焦げができる

7 火からおろして、バターを加えてよく混ぜる。そのままおいて、鍋肌の焦げが落ちやすくなるのを待つ。

鍋に入れたままおく（火は消す）
T 7〜8分
B 「焦げ」がふやける

8 鍋肌の「焦げ」をへらで少しずつ削ぎ落として混ぜ込む。バットにあけて押し広げて平らにし、上からラップを密着させる。バットを氷水に当て、上に保冷材を置く（d）。

9 30分ほどおいて冷えたら、ラップに包んで冷蔵庫に入れる。

［クリームの仕上げ］

1 冷えて固まったカスタードクリームをバットからはず
し（a）、かたまりを除いて約半分の600gをキッチン
エイドのボウルに入れる（一度に混ぜられる最大量
は650g）。攪拌してなめらかにする（b）。

キッチンエイド・ビーター
Ⓢ **2**
Ⓣ **6〜7分間**
Ⓑ **抵抗感がなくなり、とろりとやわらかくなる**

2 別のボウルに生クリーム400g（約半量）を入れ、か
たく泡立てる（c）。

キッチンエイド・ホイッパー
Ⓢ **8**
Ⓣ **約1分30秒**
Ⓑ **全体がなめらかでなく、ぼそぼそした状態**

3 **1**のカスタードのボウルに、生クリームの1/4ほどを
加え、竹べらで切り込むように混ぜ（d）、全体をなじ
ませる。残りの生クリームを加え、さっくりと混ぜて
白い筋が残るくらいにムラを残して仕上げる（e）。

＊生クリームがすべて混ざらないように、混ぜ過ぎに注意。

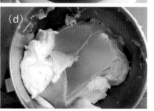

［クリームを詰める］

4 シュー皮（p.52）は底側が2〜2.5cm厚さになるよ
うにスライスする（f）。口金を付けない絞り袋に**3**の
クリームを入れて、1個につき、38〜40gを下側の
生地の中央に手早く絞り出す（g）。

＊手の熱でクリームが溶けやすいため、絞り袋に触れる時間を
短くする。

5 上側の生地を少しななめに角度をつけてのせ（h）、
粉糖をふる。

シュー皮のバリエーション

クッキーのせシュー

＊ シュー生地にのせて焼くクッキー生地。泡立て不要で、量も少ないためマシンは使わない。
　薄いと存在感がなく、厚いと焼成中にすべり落ちてしまうので4mmほどにのばして型抜きする。

＊ 凍ったまま焼成できるので、まとめてつくって冷凍保存し、必要な分だけを焼く。

材料 （クッキー生地41〜43個分）

発酵バター … 50g

グラニュー糖（細粒）… 110g

全卵 … 30g

薄力粉（バイオレット）… 150g

グラニュー糖（好みの粒サイズ）… 適量

準備

● バターは22℃にする。

オーブン

予熱230℃

焼成210℃→180℃→150℃

1 バターとグラニュー糖をボウルに入れ、ゴムべらで白っぽくなるまですり混ぜる。

2 溶いた卵を少量ずつ加えてよく混ぜる。なじめばOK。

3 薄力粉を一度に加えて、切るように混ぜる。ひとかたまりなればいい。やわらかい生地なので、ラップではさんで4mm厚さにのばして冷凍する。

4 生地が冷えて固まったら、直径4cmほどの菊または丸型で抜く。残った2番生地もまとめて同じようにのばして、すべて抜く。型抜きした状態で冷凍し、固まったら重ねて冷凍保存しておく。

5 シュー生地にのせて焼成する。絞り出したシュー生地に霧吹きしたあと（p.52の手順**6**）、**4**の生地の片面にグラニュー糖をまぶしつけ、砂糖がついた面を上にしてシュー生地にのせる。ほかのシュー生地と同じように焼く。

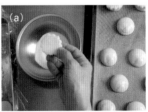

(a)

(b)

Financier
フィナンシェ

開店当初から使い続けている厚みのある
角型と、さまざまなフォルムで焼くフィナン
シェ。この深い焼き色もおいしさのうち。

バターをたっぷりと塗ることで角が反り返るくらいにかりっと焼き上がる。香ばしさとしっとりした食感が、明快に感じられる生地。

動物型で焼いたものはアイシングで仕上げる。ボリュームのある型はソフトでふんわりとした食感が楽しめる。

厚みのあるミトンのフィナンシェは、外側はさっくりと香ばしく、中はしっとりした食感で、食べごたえも充分。噛みしめるごとに焦がしバターとアーモンドの香りが広がり、やさしい甘みで余韻まで心地よい。味の決め手は、カリフォルニア産カーメル種のアーモンド粉で、欧州産に比べてビター感が少なく、日本人が思い描くまろやかなアーモンドのコクと味わいが前面に出る。また、口に運んだときに鮮烈にバターの香りを感じるように、しっかりと型にバターを塗っておくのもポイント。これらの吟味した材料や手法をより引き立てるために、マシンではなく、全量を手で混ぜて合わせてつくる。これまでの製菓業界の常識にとらわれることなく、理想とする味を追い続けることが、お客さまからの支持につながると思う。

フィナンシェのポイント

POINT 1

深い型にバターをたっぷり塗る

外は香ばしく、中はしっとりと焼き上げるために、深い型を使う。また、フィナンシェを口にしたときに最初に感じるのは、周りの油脂の味と香り。だからこそ、揚げ焼きするようなイメージで型にはたっぷりと普通（非発酵）のバターを塗る。目安は50個分で30gほど。スプレー式の離型油は添加物が含まれているのと、味と風味が落ちるので使用しない。

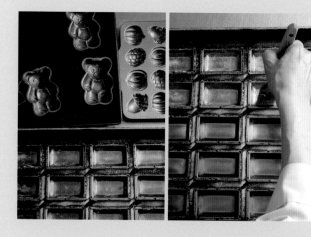

POINT 2

バターは、発酵と非発酵を半々で

発酵バターだけでつくると風味が強くなり過ぎて、アーモンドの味が消されてしまう。逆に、普通のバター（非発酵）だけでは味の印象が薄くなる。この2つを半量ずつブレンドすることでほどよいインパクトが出せる。

POINT 3

焦がしバターは、
すくって落ちる色で確認

フィナンシェの味と香りはバターの焦がし加減で決まるので、とても重要。バターを焦がすときは深い鍋を使い、強火にかける。次第にバターが泡立ち、色づいてきたらレードルで混ぜ、すくって落ちる色を見て、焦がし具合を確認する。濃いきつね色（ブール・ノワゼット）になり、乳しょうの焦げが黒くなったら、水を張ったボウルに鍋底を当てて余熱で火が入るのを止める。焦がし過ぎると脂っこくなり、焦がし足りないと味が薄くなる。

POINT 4

卵白と水あめはさらさらをキープ

卵白は湯せんしてよく混ぜて約40℃にする。水あめは電子レンジ加熱か湯せんにしてゆるめたら、少量の卵白を加えてよく混ぜて溶かす、さらさらにしておくことで次の粉類と合わせやすくなり、ふんわりとした食感につながる。

POINT 5

泡立て器で空気を含ませながら、しっかりと混ぜる

卵白と粉類を混ぜ合わせたら、泡立て器を短く持ち、リズミカルに力強く動かして空気を含ませる。まず、泡立て器をボウルの奥側の底に打ちつけるように入れて、そのまま側面をなぞるように手前に動かし、また奥に入れることをくり返す。120回ほど混ぜて、粘性がとれてさらりとしてきたら、焦がしバターを加える。同様に混ぜ続けてさらに空気を含ませ、生地が盛り上がってふっくらするまで混ぜる。これを手ではなくマシンで混ぜてみたら、焼き上がりは外側と内側の食感のメリハリが感じられず、風味も不思議とおとなしくなり、印象的な味わいが薄まってしまった。

POINT 6

焼きたてのおいしさを伝える

焼きたての外がカリッとした状態のものを、あえて包装せずに3時間ほど販売することがある。1日1回以上は焼く、小仕込みならではのお楽しみ。お客さまにも好評だ。

フィナンシェ

＊直径27cmの深型大ボウルでつくりやすい量（フィナンシェ型50個分）。
＊最低量は半量（25個分）、同じボウルで倍量（100個分）までつくれる。

材料（7.8×4.5×深さ2cmのフィナンシェ型50個分）

A 発酵バター … 200g
　バター（非発酵）… 200g
卵白 … 427g
水あめ … 10g
　薄力粉（バイオレット）… 175g
　アーモンドパウダー（カーメル種）… 175g
　グラニュー糖（細粒）… 433g
バター（非発酵。型塗り用）… 約30g

準備

• 動物型などで焼いたものには、アイシング
（p.126）のデコレーションがおすすめ。アイ
シングは使う直前につくり、卵白と粉糖の割合
は1:6。卵白に半量の粉糖を加え混ぜて溶け
たら、残りの粉糖を加えてよく混ぜる。

食べごろと賞味期限

・食べごろは焼きたてから6日間。
・賞味期限は11日間（冷蔵保存）。

オーブン

予熱230℃、焼成210℃→190℃

工程

型にバターを塗る
↓
焦がしバターをつくる
↓
卵白を温め、水あめと合わせる
↓
handwork
粉と卵白を合わせる
↓
焦がしバターを加えて混ぜる
↓
oven
型に絞り入れて、焼成

フィナンシェのつくり方

1 室温でやわらかくした型塗り用のバターを、刷毛でたっぷりと塗る。夏は型ごと冷やす。

2 **A**のバターを鍋に入れ、横に水を張ったボウルを用意する。鍋を強火にかけ、バターが溶けて泡立ちはじめたら、レードルで混ぜながら加熱する。バターが色づいて（a）、乳しょうの粒が黒く焦げてきたら火からおろす。すぐに鍋底をボウルの水に浸けて、余熱で火が入るのを止める。60〜70℃を保つ。

3 卵白を約50℃の湯で湯せんにかけ、泡立て器でほぐしながら40℃まで温める。

4 水あめがかたいときは電子レンジで加熱してゆるめ、卵白の1/8ほどを加えて（b）均一になるように混ぜる。卵白のボウルに戻してよく混ぜる（c）。

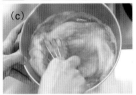

5 深型大ボウル（直径27cm）に薄力粉、アーモンドパウダー、グラニュー糖を入れて混ぜ、**4**の卵白を加える（d）。

6 泡立て器で、はじめは大きくなじまるように混ぜ、続いて空気を含ませながら勢いよくかき混ぜる（e）。

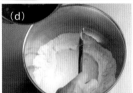

泡立て器で力強く混ぜる
T 計120回
B 粘性がとれてさらさらとする

＊泡立て器を短く持ち、ボウルの奥側の底に当てるように入れ、そのまま側面をなぞって手前まで引くように混ぜ、軽く持ち上げて再びボウルの奥に入れて混ぜることをくり返す（p.59）。

7 保温しておいた**2**の焦がしバターをこし網を通して加え（f）、大きく混ぜてなじんだら、空気を含ませながらさらに混ぜる（g）。

（同）
T 計120回
B 生地が盛り上がってもったりとする

8 口金を付けない絞り袋に生地を入れて、1個につき約30g（8分目くらい）**1**の型に絞り入れる（h）。

9 210℃でのオーブンに入れて約10分間、190℃に下げて約5分間焼く。縁に焦げ色がついたら、オーブンから出し、すぐに型からはずす（i）。型を返して台に当てて衝撃を加えるか、はずれにくいものは小さなパレットナイフかフォークを使う。網にとって冷ます。

Chiffon cake
シフォンケーキ

【バナナ、アールグレー＆チョコ、抹茶】（写真上から）
シフォンケーキはアレンジも楽しい。それぞれつくり方
に工夫が必要だが、抹茶、バナナとともに人気の高い
品。アールグレーの香りには、チョコチップをプラス。

【バニラ】シンプルさが、しっとりした生地の心地よさや卵の味をより感じやすい。カフェでは、生クリームとフルーツを添える。

ミトンのシフォンケーキはこの上なく軽い。この軽さを生むのが壊れる直前までかたく泡立てたメレンゲで、大小ふぞろいな気泡が口の中で生地が固まるのを防ぎ、スッとほどける食感をつくる。口どけのよいシフォンのためには、メレンゲと砂糖の法則を知ることが大切で、最初の卵白の温度、撹拌スピード、砂糖を加えるタイミングをそれぞれ調整して、求める状態に近づけていく。もうひとつの特徴が、卵のほっくりとした味が前面に出ていること。一般的なシフォンは、卵白の割合が多く、砂糖もたくさん使うため黄味の味がボケやすい。そこで、卵白と砂糖を増やす代わりに、メレンゲの「かさ」を出すことで、卵の味わいを薄めずに軽い食感をつくった。ただし、壊れやすいメレンゲなので、つくるのも、混ぜ込むのにも技術が必要。作業は時間との勝負になる。

シフォンケーキのポイント

POINT 1

卵黄生地は軽く混ぜる

このシフォンには卵黄生地の泡は
必要ない。卵黄と砂糖を泡立てた
り混ぜ過ぎると、卵の風味が減って
しまう。卵のほっこりした味は卵黄
にあるので、ここではサッと混ぜる
だけにする。次に湯を加えることで
砂糖が溶け、生地の温度が上がっ
て流動性が高まり、メレンゲが混ざ
りやすくなる。

POINT 2

卵白の泡立ては5〜10℃

卵白はボウルごと5〜10℃に冷やしたもの
を使う。キッチンエイドなら計3〜4分の攪
拌でちょうどよい泡が得られる。室温（10℃
以上）の卵白を使うと、気泡の質も量も不
十分なメレンゲになりやすく、持続性もな
く、混ぜている間に気泡がつぶれてしまう。
逆に、0℃前後まで冷やすと、泡立てに時
間がかかり、気泡が細かくなり過ぎてこのシ
フォンには向かない。

POINT 3

メレンゲはかたく泡立てるが、分離させない

メレンゲづくりは卓上ミキサーが最適。強く質の良い気泡が短時
間でできる。ここでは大小が入り混じった気泡量の多いメレンゲを
つくるため、最初に加える砂糖は小さじ1程度。入れ過ぎるとかさ
が出にくく、泡立てに時間がかかる。スタート時から高速で攪拌し、
途中で砂糖を加えるときもマシンは止めない。攪拌をはじめて2〜
2分半後、よく泡立ってボウルの内側から卵白がはがれてきたら、
1回目の砂糖を加えて30〜40秒回し、続けて2回目を入れて30
〜40秒間回す。長時間攪拌して、泡立ち過ぎないように注意する。
マシンからはずした後も手早く進める。ゆっくり作業するとぼそぼ
そしはじめ、その後に卵黄生地と合わせるとメレンゲが壊れやすい。

適切なメレンゲ

泡立て過ぎのメレンゲ

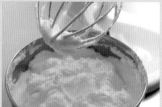

POINT 4

オリジナルのベーキングパウダー

アルミニウムフリーになってからふくらみ具
合が気になり、ベーキングパウダーを見直し
た。酸性剤の成分と配合の違いで、ふくら
む力、ふくらみ方、焼き上がり、生地の保形
性に差があることがわかり、オリジナル製品
を開発。本品は水分を与えるとふくらみは
じめる性質が加わり、シフォンがとてもつく
りやすくなった。ふくらみがよくなり、焼き縮
みもしない。また、リン酸が少ないので後味
も悪くない。

POINT 5

大きく、手早く混ぜる

メレンゲができたら、卵黄生地に手早く混ぜる。まず、卵黄生地のボウルに1/4を入れ、ホイッパーでザッと混ぜてなじませる。続いて残りのメレンゲをすべて入れ、カードでシフォン混ぜ（p.24）をする。カードをボウルの中心より右から生地に入れ、カードの左端手前を、ボウルの左側面にカツッと当てる感じ。素早く腕を左右に振って動かし、左手でボウルを回しながらメレンゲを切るように混ぜていく。

POINT 6

流れるような生地はつくらない

でき上がった生地は、ふんわりとして保形性がある。メレンゲがうまくできて混ぜ方が適切であれば、ダレたり流れる生地にはならない。型に入れるときはカードの曲線部分で生地をたっぷりすくい取り、短い辺を下にして生地を置くように入れていく。生地の間にすき間ができないよう、先に入れた生地につなげてのせるようにするよい。

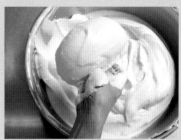

POINT 7

バリエーション

シフォンのバリエーションは、卵黄生地段階のアレンジと、でき上がった生地に具材を混ぜるものとを分けて考える。この生地はとてもデリケートなので、必要以上に混ぜることができない。比較的軽くて混ざりやすいチョコチップ、レモンゼスト、スパイス、ポピーシードなどは、メレンゲを加えて後半から一緒に混ぜることができる。

卵黄生地に混ぜておけるのはバナナ、カボチャ、小豆、ナッツのペーストなど。粉に合わせておくのは紅茶の茶葉、抹茶など。それぞれ加えるタイミングを考えて、自由にアレンジしてほしい。また、メレンゲの気泡が消えやすい抹茶、チョコ、ココナッツ、チーズなどを使うときはメレンゲの砂糖量を増やすが、それ以外は基本的にメレンゲの配合は変えない。砂糖の量を変えるとメレンゲの質感が変わり、でき上がったシフォンの食感にも影響が出る。

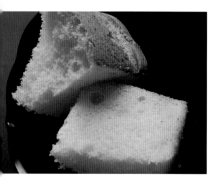

バニラシフォン

＊ 直径36cmの大ボウルでつくりやすい量（21cmシフォン型2台分）。
＊ 卵黄生地は大ボウルでつくり、ここにキッチンエイドで泡立てたメレンゲを加える。
＊ 最低量は半量（21cm1台分）。
＊ できるだけメレンゲに触れる回数を減らして、手早く作業する。気泡が壊れやすいため、
　 比重や型に入れる重さを計量せずに進める。

材料

（直径21cmのシフォン型2台分、
または21cm1台+14cm3台分）

```
┌ 卵黄 … 160g
│ グラニュー糖（細粒）… 170g
└ バニラビーンズ … 2〜2.5cm分
```
　（またはバニラペースト … 小さじ約1/8〜1/10）

```
┌ サラダ油 … 100g
└ 湯（60℃以上）… 170g
┌ 薄力粉（バイオレット）… 230g
└ ベーキングパウダー … 10g
```

メレンゲ

```
┌ 卵白 … 320g
│ グラニュー糖 … 100g
└ レモンの搾り汁 … 2.5g
```

準備

• 薄力粉とベーキングパウダーを合わせる。
• 卵白はキッチンエイドのボウルごと5〜10℃に冷やす。

食べごろと賞味期限

・食べごろは焼きたてから2日間。
・賞味期限は4日間。

オーブン

予熱200℃、焼成180℃

工程

卵黄、バニラビーンズ、
グラニュー糖を混ぜ合わせる
　↓
サラダ油と湯を合わせて加え、混ぜる
　↓
粉を加えて混ぜる

machine
卵白を泡立てる
　↓
handwork
卵黄液とメレンゲを合わせて混ぜる
　↓
oven
型に入れて、焼成

バニラシフォンのつくり方

1 大ボウル（直径約36cm）に卵黄、グラニュー糖、バニラビーンズを入れ、泡立て器で軽くすり混ぜる。

2 湯にサラダ油を入れて **1** に加え（a）、泡立て器で全体をすり混ぜる。

3 粉をふるいながら加えて、泡立て器で粉が見えなくなるまで手早く混ぜる（b）。

4 冷やしておいたキッチンエイドのボウルと卵白に、グラニュー糖小さじ1とレモン汁を加えて攪拌する（c）。

キッチンエイド・ホイッパー
- **S** 8
- **T** 2分30秒〜3分
- **B** もこもこと粗く泡立ち、周囲がボウルからはがれるようになる

5 残りのグラニュー糖を2回に分けて加える（d）。

（同）
- **S** 8
- **T** 30秒×2
- **B** 砂糖を加えるといったん平らになるが、再びもこもこと泡立つ

6 メレンゲの1/4を **3** の卵黄のボウルに加えて、泡立て器でメレンゲが見えなくなるまで手早く混ぜ込む（e）。残りのメレンゲを加え、カードで混ぜる（f）。

シフォン混ぜ（p.24）
- **N** 40回
- **B** メレンゲが見えなくなる。ふんわりとした生地に

7 生地をカードですくい、8分目ほど型に入れる。型ごと勢いよく回し、遠心力を使って表面をならす（g）。

8 180℃のオーブンで14cmは25分間、21cmは30分間を目安に焼く。最高にふくらんで（h）、その後に上面が平らになって割れ目にも色がついてきたらオーブンから出す。型ごと返して置き、冷ます（i）。

9 カットする直前に型から取り出す。

＊カットの工夫はp.133。

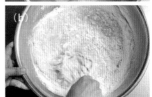

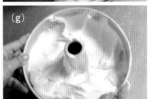

抹茶

POINT

強くやわらかいメレンゲをつくる

抹茶がメレンゲの気泡を壊しやすいので、グラニュー糖を増やして強くてやわらかいメレンゲをつくり、混ざりやすくする。

| 材料 | （直径17cmのシフォン型3台分） |

- 卵黄 … 135g
- グラニュー糖（細粒）… 90g
- サラダ油 … 120g
- 湯 … 210g
- **A** 薄力粉 … 180g
- ベーキングパウダー … 7.5g
- 抹茶 … 22g

メレンゲ
- 卵白 … 300g
- レモンの搾り汁 … 3.5g
- グラニュー糖（細粒）… 120g

| 準備 |

- **A**を合わせる。
- 卵白は5〜10℃に冷やす。

1 バニラのつくり方（p.67）**1**〜**3**と同様にする（バニラビーンズは加えない）。**3**で抹茶入りの**A**を合わせる。

2 同様に**4**〜**5**でグラニュー糖を多く入れた、強くてやわらかいメレンゲをつくる。撹拌時間は、計10〜20秒減らす。

3 同様に**6**〜**8**で生地合わせをし、型に入れて焼成する。180℃で28分間を目安に焼く。

アールグレー ＆ チョコ

POINT

素材を加えるタイミングに注意

卵黄生地に粉を加えたあとで茶葉を混ぜ、チョコチップは温かい生地の中で溶けてしまうので最後に加える。

| 材料 | （直径17cmのシフォン型3台分） |

- 卵黄 … 135g
- グラニュー糖（細粒）… 144g
- サラダ油 … 84g
- **A** 熱湯 … 210g
- アールグレー（茶葉）… 15g
- 薄力粉 … 186g
- ベーキングパウダー … 7.5g
- アールグレー（茶葉）… 12g

メレンゲ
- 卵白 … 270g
- レモンの搾り汁 … 3.5g
- グラニュー糖（細粒）… 84g

クーベルチュールチョコレート（ミルク）… 135g

| 準備 |

- **A**を合わせて10分以上おき、漉して絞り、濃い紅茶液を抽出する（使用前に50℃以上に温める）。
- アールグレーの茶葉をすり鉢でする。
- 卵白は5〜10℃に冷やす。

1 バニラのつくり方（p.67）**1**〜**2**と同様にする（バニラビーンズは加えない）。**A** の紅茶液を50℃以上にしてサラダ油に加える。

2 同様に**3**で粉が見えなくなったら、すったアールグレーの茶葉を加え、ざっと混ぜる。

3 **4**〜**5**でメレンゲをつくる。量が少ないので攪拌時間は計10〜20秒減らす。

4 **6**で生地合わせをするが、メレンゲが見えなくなったら、きざんだクーベルチュールを加えて5〜6回混ぜる。

5 **7**〜**8**で型に入れて焼成する。180℃で27分間を目安に焼く。

バナナ

POINT

バナナはピュレ状にしない

バナナはミキサーなどでピュレ状にすると、粘りけのある水分が入って生地に大きな穴があきやすい。

| 材料 | （直径17cmのシフォン型3台分） |

> 卵黄 … 135g
> グラニュー糖（細粒）… 114g

> サラダ油 … 84g
> 湯 … 120g

> バナナ（熟しすぎていないもの。正味）… 280g
> レモンの搾り汁 … 15g

薄力粉 … 195g
> ベーキングパウダー … 7.5g

メレンゲ

> 卵白 … 270g
> レモンの搾り汁 … 3.5g
> グラニュー糖（細粒）… 84g

| 準備 |

• 卵白は5〜10℃に冷やす。

1 バナナをフォークでつぶしてボウルに入れ、レモンの搾り汁を混ぜる。水分が出る前にすぐに使う。

2 バニラのつくり方（p.67）**1**〜**2**と同様にする（バニラビーンズは加えない）。

3 **3**で粉が見えなくなったら、**1**のバナナを加え、ざっと混ぜる。

4 **4**〜**5**でメレンゲをつくる。量が少ないので攪拌時間は計10〜20秒減らす。

5 **6**〜**8**で生地合わせをし、型に入れて焼成する。180℃で25分間を目安に焼く。

Shortcake

ショートケーキ（ジェノワーズ生地）

［イチゴのショートケーキ］
生地の卵風味がミルキーな
生クリームとフレッシュなく
だものを引き立てる。

[チョコレートのショートケーキ]
スポンジもクリームもしっかりとしたチョコレート風味。口あたりは軽いのに濃厚な大人の生チョコケーキ。

ショートケーキは、子どもからお年寄りまで多くのお客さまに親しまれ、愛されるお菓子。店の方向性や味づくりが端的に出るアイテムなので、はじめて訪れるパティスリーでは欠かさずチェックしている。オーブンミトンのショートケーキは、フルーツをはさんだ3段のオーソドックスなスタイルで、これがいちばんおいしいと思う。生クリームはミルクの味を強く感じてもらいたいので中沢乳業の47％を使い、ナッペするときは触る回数をできるだけ減らしてサッと仕上げる。高脂肪のクリームは何度も触ると重たい口あたりになってしまうので注意する。ジェノワーズはふわふわと軽いだけでなく、しっかりと卵の味を感じられる配合に。キルシュシロップをたっぷり打っても生地のおいしさを維持できる。

POINT 1

卵の74％砂糖が強い泡をつくる。きめの細かいジェノワーズに

一般的な卵に対して砂糖50％のレシピでは、比較的軽いジェノワーズが焼けるが、気泡は弱い。きめの細かい、しっとりとしたジェノワーズをめざすなら、74％砂糖がおすすめ。この配合はたくさんの気泡ができて、しかも強くて消えにくい。その結果、粉を入れてから150回以上混ぜても泡が消えず、気泡につり合うだけの粉の柱ができて、きめの細かい生地が焼ける。最終的に生地は約2倍にふくらむ。泡が強いので、失敗も少ない。一見すると砂糖が多く見えるが、卵に対して66％の粉を入れるため、総体積は増えて適正な糖分になり、甘すぎることはない。

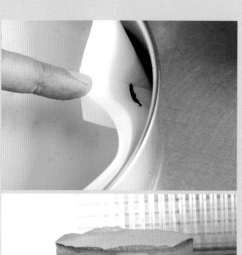

POINT 2

卵は最高速で泡立てない

卵と砂糖を湯せんにかけて、速度目盛り6〜8の中高速で泡立てる。最高速にすると生地のきめが粗くなるので注意する。比重の目安は23〜26g/100mlで、でき上がりの生地の感覚をつかむことも大切。適正な比重になったら、低速できめを整えて細かい気泡を増やしていく。この仕上げにより、大きな気泡のない、きめの整った生地ができる。

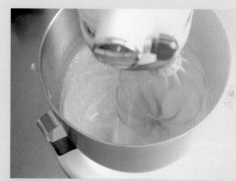

POINT 3

粉合わせは対流をつくるように
150回以上混ぜる

たくさんの強い気泡を持つジェノワーズ生地は、ジェノワーズ混ぜ（p.23）で粉を合わせる。へら（またはカード）の大きな面を生地に当て、ボウルの底だけでなく側面までしっかりと接しながら移動させ、ボウルの中に対流をつくるイメージで粉を混ぜる。切るような混ぜ方では粉が均等に散らず、きめの細かい生地にならない。ちなみに、ジェノワーズは74％砂糖で気泡が強いため150回以上混ぜるが、チョコスポンジは58％砂糖で気泡もさほど強くないので、ロール混ぜとジェノワーズ混ぜで計80回ほど混ぜる。

POINT 4

47％生クリームは
牛乳を加えて軽くする

愛用する中沢乳業の乳脂肪分47％の生クリーム。ショートケーキはもちろん、生クリームはこの1種のみを使う。ミトンらしいコクや、凝縮感のある味わいにつながっているように思う。ショートケーキのホイップクリームは、これに4％の牛乳を足して軽さを出した。風味を変えることなく、ナッペのときもぼそぼそになりにくい。

POINT 5

バリエーション

いちばん人気はイチゴだが、入手しにくい夏から秋はほかのフルーツを使う。ジューシーなパイナップル、洋ナシや桃のコンポートなどがおすすめ。チョコスポンジにはバナナ、パイナップル、またはクロッカン（ナッツの飴がけ）もよく合う。

イチゴのショートケーキ

＊ キッチンエイドでつくりやすい量（15cm丸型3台分）。
＊ 最低量は半量。
＊ 4台以上は泡立てまでキッチンエイドで、粉合わせから大ボウルを使う（p.26）。

材料 （直径15cm×高さ6cmの丸型3台分）

生地

- 全卵 … 285g
- グラニュー糖（細粒）… 210g
- 水あめ … 12g

- 牛乳 … 75g
- 発酵バター … 48g

薄力粉（バイオレット）… 189g

- シロップ（p.126）… 210g
- キルシュ … 30g

仕上げ用ホイップクリーム（1台分）

- 生クリーム … 240g
- 牛乳 … 10g
- グラニュー糖（細粒）… 15g

イチゴ … 15～20粒

ブルーベリー … 8粒

ジュレ（p.126）… 適量

準備

- 型にロール紙を敷き込む。側面の紙の高さを6.5cm
  にする。

オーブン

予熱180℃、焼成160℃

工程

卵とグラニュー糖を湯せんにかける
＊水あめも加える
↓
machine
卵を泡立てる
↓
handwork
粉を加えて混ぜる
↓
溶かしたバターと牛乳を加えて混ぜる
↓
oven
型に流して、焼成
↓
デコレーションする

食べごろと賞味期限

- 食べごろ、賞味期限ともに当日中。
- 生地は冷蔵で2日間、冷凍で2週間保存可。紙をつ
  けたまま密閉して冷凍し、冷蔵庫または室温で解凍
  する。

ジェノワーズ生地（ショートケーキ用）のつくり方

1 小さなボウルに水あめを入れて、ラップをかけ、湯せんか電子レンジにかけてやわらかくする（a）。
*ラップをかけて水あめの表面が乾いてかたくなるのを防ぐ。

2 キッチンエイドのボウルに卵を入れてほぐし、グラニュー糖を加えて混ぜる。湯せんにかけて45℃にする（b）。**1**の水あめを加え、よく混ぜて溶かす。

3 マシンにセットして泡立てる。泡立てはじめの温度は43℃にする。

キッチンエイド・ホイッパー
- **S** 8
- **T** 5分〜5分30秒
- **B** ホイッパーをはずして垂直に持ち上げると、なめらかな生地がゆっくり落ちる。こんもりと生地の跡が残る（c）
- **D** 24〜27g

*比重が重いときは、さらに泡立てる。

4 速度を落としてきめを整える（d）。

（同）
- **S** 1
- **T** 3分〜
- **B** 大きな泡が消え、きめが整う

5 **4**と同時進行で、鍋に牛乳とバターを入れて弱火にかけ、バターを溶かして、50℃以上を保つ。

6 ボウルをはずして、粉を一度に加え、ゴムべらで混ぜる（e）。

ジェノワーズ混ぜ（p.23）
- **N** 45〜50回
- **B** 粉が見えなくなる

7 **5**の牛乳とバターを散らすように入れて（f）、混ぜる。

（同）
- **N** 85〜110回
- **B** つやが出て、きめが細かくなる。へらですくうとさらさらと落ちる
- **D** 43〜47g

8 1台につき約260gを型に流す（g）。型ごと軽く台に落として、表面の泡を消す。
*へらで触る回数をなるべく減らして気泡をつぶさないようにする。へらにこびりついたかたい生地は、使わない。

9 160℃のオーブンで30〜35分間焼く。表面に焼き色がつき、周りの紙がよれてきたらオーブンから出す。すぐに型ごと台に落として焼き縮みを防ぐ。

10 型からはずし、上下逆にして5〜6分間おく（h）。上下を元に戻して網の上で冷ます。生地は1.8〜2倍にふくらんでいる。

(a)

(b)

(c)

(d)

(e)

(f)

(g)

(h)

[デコレーション]

1 イチゴは、形のそろったきれいなものを上面の飾り用にとりおき、残りを7mm厚さに切る。

2 キッチンエイドのボウルに生クリーム、牛乳、グラニュー糖を入れて攪拌し、6〜7分立てにする。マシンからはずしたらボウルごと氷水にあてて、ナッペする都度、泡立て器を使って手で8分立てにする。

キッチンエイド・ホイッパー
S 4
T 1分間

3 ジェノワーズ生地は敷紙をはずし、1.5cm厚さにスライスする。底の焼き色のついた部分を薄くそぎ切る。1.5cmの当て木あてて3枚にカットする。上面の焼き色も薄くそぎ切る。

4 1枚目、底面を上にして回転台にのせ、シロップを全面にむらなくたっぷりと打つ (i)。
＊底と上面は、真ん中の生地よりよく焼けているので、多めに打つようにする。

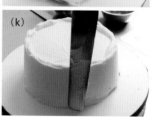

5 **2**のクリームの1/7ほどを**5**の上に広げる。

＊高脂肪のクリームを使っているので、触る回数が多いとすぐに分離してボソボソになる。使う分をその都度泡立て、ナッペは少ない回数で仕上げる。

6 **1**のイチゴを外側から放射状にすき間なく並べる (j)。**5**と同様にして生クリームをのせて、イチゴのすき間を埋め、上面をならす。

7 真ん中の生地の片側にまず軽めにシロップを打ち、打った面を下にして**6**の上に重ね、上面にはたっぷりシロップを打つ。同様にクリームを広げ、イチゴを並べて、クリームを重ねてならす。

8 いちばん上の生地は、そいだ面に軽くシロップを打ち、打った面を下にして**7**の上に重ね、上面に残りのシロップを打つ。

9 残りのクリームの1/3ほどで薄く全体に下塗りをする。その後、クリームを少し厚く本塗りをする (k、l)。

10 残りの生クリームを絞り、飾り用のイチゴとブルーベリーを飾る。冷蔵庫で10分以上冷やして落ち着かせてカットする。イチゴの切り口にはジュレを塗る。

ショートケーキのバリエーション

チョコレートのショートケーキ

＊ キッチンエイドでつくりやすい量（15cm丸型3台分）。

＊ 最低量は半量。4台以上は泡立てまでキッチンエイドで、粉合わせから大ボウルを使う。

＊ カカオパウダーは混ざりにくく、また全体の粉の量が少ないので、ロール混ぜで手早く混ぜる。

材料 （直径15cm×高さ6cmの丸型3台分）

生地

全卵 … 315g
グラニュー糖（細粒）… 185g

A 薄力粉（スーパーバイオレット）… 138g
カカオパウダー（ペックまたはヴァローナ）… 33g

＊カカオパウダーは味の濃いものを使う。

牛乳 … 36g

シロップ（p.126）… 210g
キルシュ … 27g

仕上げ用チョコクリーム

B クーベルチュールチョコレート
（カカオバリー・エクセランス／カカオ分55%）… 15g
（ペック・スーパーゲアキル／同64%）… 60g
牛乳 … 50g
生クリーム … 250g
粉糖 … 19g

薄板チョコ（P.127）、アメリカンチェリー、粉糖 … 各適量

準備

• 牛乳を50℃に温める。
• AとBはそれぞれ合わせる。
• 型の準備はイチゴのショートケーキ（p.74）と同様。

オーブン

予熱180℃、焼成160℃

食べごろと賞味期限

• 食べごろ、賞味期限ともに当日中。
• 生地は冷蔵で2日間、冷凍で2週間保存可。紙をつけたまま密閉して冷凍し、冷蔵庫または室温で解凍する。
• チョコレートクリームは冷蔵で2日間保存可。

チョコレートのショートケーキのつくり方

1 イチゴのショートケーキのジェノワーズ生地（p.75）とほぼ同じように焼く。水あめは使わない。**2〜4**と同様にして卵を泡立てる。比重は19〜24g。

＊**3**の泡立て加減の目安は、ホイッパーを持ち上げると、こんもりとした生地で、ジェノワーズよりも軽い仕上がり（a）。

2 ボウルをはずして、**A**を入れ、ゴムべらで混ぜる（b）。

ロール混ぜ（p.23）
N 35〜40回
B 粉が見えなくなる

3 約50℃に温めた牛乳を加え、ボウルの側面をはらってから、さらに混ぜる。混ぜ過ぎに注意。

ジェノワーズ混ぜ（p.23）
N 40回前後
B つやが出て、ふっくらとしている
D 40〜45g

＊さらさらと流れるような生地にはしない。

4 1台につき約215gの生地を型に流し（c）、型ごと軽く台に落として表面の泡を消す。

5 160℃のオーブンで30〜33分間焼く。型に敷いた紙の周囲にしわがよりはじめたら、生地の中心を軽く押して確認する（d）。2倍近くふくらみ弾力が出ていたら、オーブンから出す。イチゴのショートケーキの生地と同様にして冷ます（e）。

6 チョコクリームをつくる。**B**をキッチンエイドのボウルに入れ、ひと煮立ちさせた牛乳を加えて、よく混ぜて溶かす。室温まで冷まして、生クリームの1/4量を加えてよく混ぜる。残りの生クリームと粉糖を加え、マシンで泡立てる。7分立てにしてチョコクリームとする。

キッチンエイド・ホイッパー
S 4
T 40〜50秒

7 デコレーションをする。チョコジェノワーズ生地を3枚にスライスし、1枚めにシロップを打ち、**6**のクリームの1/4を広げて塗る。2枚めも同様にする。

＊チョコクリームはホイップクリーム以上にぼそぼそになりやすいので注意する。

8 3枚めを重ねたら、シロップを打って、上部と側面をナッペする。下塗りした後で本塗りをして表面を整える。薄板チョコ、アメリカンチェリー、粉糖などを飾る。

(a)

(b)

(c)

(d)

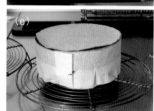
(e)

Roll cake
ロールケーキ

[チョコロール] カカオのほ
ろ苦さも味わえる生地で、
甘酸っぱいフルーツと生ク
リームが合う。

[卵ロール] 生地その
ものがおいしく、泡立て
た生クリームのみを巻く
のがベスト。

ロールケーキは、共立てと別立てでつくる方法があるが、ミトンでは全卵共立て生地を使うことが多い。
共立て生地は、ボウルひとつでできるので製造効率がいいのはもちろん、卵の香りが前面に出て、しっ
とりと仕上がる。卵ロール、チョコロールともに卵が多い生地で、卵に対して粉は30％量。卵の気泡
に比べて粉の支えが少ないため、オーブンの中ではよくふくらむが、焼き上がりはすぐにしぼんでしまう。
ただ、このやわらかさによってロールに巻きやすく、圧力をかけることででき上がりも安定する。粉の少
ない生地は、粉合わせから熟練した技術が必要で、混ぜ終わりの見極めが最大のポイント。少しの手
わざの違いにより、卵の風味、味わいが左右される。

ロールケーキのポイント

POINT 1

少ない粉を手わざでスピーディに混ぜる

卵に対して40％以下の少ない粉を混ぜるのは、実は難しい。粉が混ざりにくくダマになりやすいため、粉が水分を吸う前に、手早く混ぜてしまうのがコツ。とくに粉の入れはじめの前半はロール混ぜ（p.23）でスピーディに混ぜる。ボウルの右から左にへらを動かしたら生地の上でへらを返さず、すぐに右に移動し混ぜることをくり返す。ゆっくり混ぜているとダマができやすいので注意する。粉が見えなくなったらジェノワーズ混ぜ（p.23）で均等に生地の柱をつくっていく。また、ロール生地は、砂糖の割合が50％前後で気泡が大きい。つまり、ジェノワーズに比べて気泡の数が少なく壊れやすいため、混ぜる回数は計70〜90回に抑える。気泡が強くないので、ジェノワーズほどは混ぜない。

POINT 2

生地に牛乳を足してやわらかに

しっとりやわらかく焼き上げるために、生地に牛乳を加える。バターを使わないのは、冷蔵庫で冷やしてもふんわりとした食感を保ちたいから。卵ロールはシロップを打たないことも多いため、生地を締めやすいバターは入れない。牛乳だけのほうが卵の風味をストレートに感じる。

POINT 3

生地の四隅を高くして焼く

生地の端は、火が入りやすく焼き縮みが激しい。とくに四隅は焦げやすいので、生地をカードで寄せて高くしてオーブンに入れ、全体を均等に焼き上げる。

POINT 4

天板は2枚重ね

生地を流した天板に、同じサイズの天板を重ねて焼く。底と側面に伝わる熱をやわらげて、焦げ目がつかないよう、しっとりと焼き上げる。ロールケーキの醍醐味は、裏巻きのきれいな黄色い焼き色にもあるので、天板1枚では焼かないようにする。生地量は、手持ちの天板サイズに合わせて調整する（p.27）。コンベクションオーブンなら庫内のラックに置き、平窯は2枚を重ねてデッキに入れる。

POINT 5

巻くことできめを整える

ロールケーキは粉の量が比較的少ないため、焼成中はよくふくらむが、オーブンから出すとすぐにしぼんでしまう。しかし、それも計算のうち。このレシピは表面にうまく「しぼみジワ」ができるため、生地にナイフなどで線を入れずに巻くことができる。しなやかでやわらかい生地なので、巻くときの圧力できめを整えていく。仕上がりは、心地よい口どけになる。

POINT 6

バリエーションのヒント

全卵共立てでつくるロールケーキは、粉の配合を変えて多様なバリエーションができる。

たとえば、卵100に対して砂糖55%の生地では、粉は30〜60%の間で増減できる。粉の比率が多ければかための生地、粉が少なければやわらかめの生地となり、それぞれ食感、口どけ、卵の風味、コクなどが変わってくる。生地に抹茶やフルーツピュレを混ぜ込んだり、砂糖を黒糖やきび砂糖に変えても楽しい。中に巻くクリームに、クリームチーズやカスタードの風味をつけたり、好みのフルーツを合わせたりと工夫次第でオリジナルのロールケーキができる。

卵ロール

＊ キッチンエイドでつくりやすい量（30cm角天板1枚分）。

＊ 卵の量が多くよく泡立つので、付属ボウルでは1枚分が限界。2枚以上を焼く場合は、粉合わせから大ボウルに移す。

＊ 上白糖を使うことで、しっとりした生地に仕上がる。粒子の細かい粉を使う。

材料 （30cm角の天板1台分）

生地

全卵 … 250g
上白糖 … 127g
薄力粉（スーパーバイオレット）… 75g
牛乳 … 44g

クリーム

生クリーム … 170g
牛乳 … 4g
グラニュー糖（細粒）… 14g

準備

● 牛乳は50℃に温める。

● 天板にロール紙を敷く。四隅に切り込みを入れ、天板の2倍くらいの高さになるよう側面を立ち上げて敷き込む。

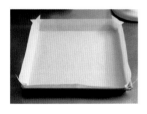

オーブン

予熱210℃、焼成190℃

工程

卵に上白糖を加えて、湯せんにかける
↓
〔machine〕
卵を泡立てる
↓
〔handwork〕
粉を加えて混ぜる
↓
牛乳を加えて混ぜる
↓
天板に流して、焼成
↓
生クリームを泡立て、生地に広げ、巻く

食べごろと賞味期限

● 食べごろも賞味期限も当日中。

卵ロールの作り方

1 キッチンエイドのボウルに卵を入れて、泡立て器でほぐし、上白糖を加えて混ぜる。湯せんにかけて43℃にし、マシンにセットして泡立てる。

キッチンエイド・ホイッパー

S 7

T 5分間

B ホイッパーを持ち上げると、一瞬止まってから落ち、ふんわりとした跡が残るくらい（a）

D 18〜23g

＊比重が重いときは、さらに泡立てる。

2 速度を落として、きめを整える。

（同）

S 1

T 2分間

B 大きな泡が消え、小さな泡だけになってきめが整う

3 ボウルをはずして、粉をふるいながら入れる。ゴムべらで混ぜる。

ロール混ぜ（p.23）

N 35〜40回

B 粉が見えなくなる

4 50℃に温めた牛乳を加えて、さらに混ぜる（b）。

ジェノワーズ混ぜ（p.23）

N 40〜45回

B なめらかになり、つやが出て、ふわりと流れるくらい

D 23〜27g

5 天板に生地を流し（c）、カードで四隅まで広げる。カードで天板の手前の縁に沿わせながら生地の表面を左から右にならす（d）。天板を90度回転させて同じように4辺をならす。四隅は少し高めになるように整える。天板ごと軽く台に落として表面の気泡を消す。

6 天板をもう1枚重ねて、網のラックにのせ、190℃のオーブンで、約19〜20分焼く。一度ふくらんでから沈みかけたら、オーブンから出し、天板からはずして網の上で冷ます。粗熱がとれたら、乾いたふきんをかけて完全に冷ます。

7 クリームを巻く。キッチンエイドのボウルに生クリームと牛乳とグラニュー糖を入れて、7〜8分立てにする。

キッチンエイド・ホイッパー

S 4

T 1分間

＊マシンでは手前で攪拌を止め、状態を見ながら泡立て器を使って手で仕上げる。

8 7の側面の紙をはがして裏表を返し、底の面も一度はがす。はがした面にダマがあれば除く。紙を元に戻して、もう一度返し、焼き面を表にする。

9 生地の中央に一直線になるようクリームを全量置く。パレットナイフでクリームをならして広げる（e）。手前を少し厚めにする。

10 敷き紙ごとを生地を持ち上げて、手前を内側に倒し、軽く押さえて芯を作る（f）。紙の左右の両端5cmほどのところを持ち上げ、奥に向って一気に巻く（g）。端から出たクリームは、内側に入れ込む。巻き終わりの生地の端を真下にして（h）、紙で包んだまま冷蔵庫で30分以上冷やす。

(a)

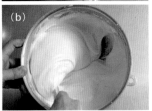
(b)

(c)

(d)

(e)

(f)

(g)

(h)

卵ロールのバリエーション

チョコロール

＊ キッチンエイドでつくりやすい量（30cm角天板2枚分）。

＊ 最低量は半量。

＊ 気泡量の多い生地だが、カカオパウダーが入って生地が締まるため、2枚分まで付属
　 ボウルでつくることができる。3枚以上を焼く場合は、粉合わせから大ボウルに移す。

＊ チョコレート風味の生地はしっとりさせたほうが香りが立つので、シロップを打つ。

材料 （30cm角の天板2枚分）

生地

```
全卵 … 450g
グラニュー糖（細粒）… 274g
```

A 薄力粉（バイオレット）… 70g
```
カカオパウダー（ペック）… 70g
```

牛乳 … 72g
```
シロップ（p.126）… 40g
キルシュ … 15g
```

クリーム

```
生クリーム … 350g
牛乳 … 10g
グラニュー糖（細粒）… 15g
```

フルーツ（ラズベリー、イチゴ、
　パイナップルなど）… 約250g

＊酸味のあるものを2～3種組み合わせる。

準備

• **A**を合わせる。
• 牛乳は50℃に温める。
• 卵ロール（p.83）と同様に天板にロール
　紙を敷く。側面は1.5倍の高さに。
• イチゴ、パイナップルは1cm角に切る。

オーブン

予熱200℃、焼成180℃

食べごろと賞味期限

• 食べごろも賞味期限も当日中。
• 生地は密閉して2週間冷凍保存可。

1 卵ロールの手順**1**～**3**までと同様
にする。上白糖をグラニュー糖に、
粉は**A**にする（a）。**3**のロール混ぜ
（b）は35回が目安。

＊泡立て終わりの比重は約20g。
＊カカオパウダーの油脂で気泡が消えや
すいので、混ぜる回数を減らす。

2 手順**4**と同様、牛乳を加えて、ジェ
ノワーズ混ぜをする（c）。回数は
35回が目安。

＊比重は約31g。

3 天板1枚に450g強の生地を流し
て（d）、オーブンで焼く。180℃で
18～19分間。オーブンから出した
ら、すぐに天板ごと台に落としから、
冷ます。

4 卵ロールと同様にして紙をはがし、
ダマをとり、焼き色のついた面にシ
ロップを打つ（e）。泡立てた生ク
リームを1台につき170g塗る。ま
ず2/3量ほどを広げ、フルーツを手
前半分に並べる。残りのクリームを
覆うように塗り広げ、ロール状に巻く
（f）。

(a)

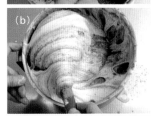
(b)

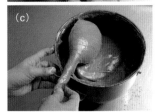
(c)

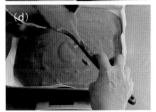
(d)

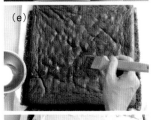
(e)

(f)

Cheesecake

チーズケーキ

ニューヨークチーズケーキ

オリジナルベイクドチーズケーキ

バスク風チーズケーキ

【ニューヨークチーズケーキ・カラメルビスケット】 クリームチーズをたっぷり使う。底生地のスパイスの香りがチーズ生地にうつって風味豊かに。濃厚だが、食感はソフトで食べやすい。

【オリジナルベイクドチーズケーキ】 ミトンのロングセラー。これはサワークリームも加えた生地。酸味とほろっとした食感が、どこかクラシック。

【バスク風チーズケーキ】 カラメル状に焼けた外側と半熟状の中心部。気泡を含ませずに混ぜた密な生地を、高温短時間で火を通す。

焼きっぱなしのお菓子が多いオーブンミトンでは、常にショーケースに3〜4種類のベイクドチーズケーキが並ぶ。今回紹介するのは、日本人にもなじみ深い味のオリジナルチーズケーキ、スペインの有名バルの配合に近いバスク風チーズケーキ、そして最近売り出し中の、本格的なニューヨークスタイルのチーズケーキの3種。それぞれ味わいや食感が異なり、つくり方のコツにも違いがある。一般的に、クリームチーズの割合が多いとほろほろとした食感になり、まるでプリンのようになめらかなタイプは生クリームなどを多く入れる。ケーキごとに適した混ぜ方があるのでそれを踏まえてつくる。すべてに共通するポイントは焼き過ぎないこと。強く火が入ると口どけが悪くなり、チーズの風味も失われる。

チーズケーキのポイント

POINT 1

クリームチーズを使い分ける

メーカーごとに塩け、酸味、乳の風味、かたさに違いがある。めざす味わいや食感に応じて使い分けたり、ブレンドする。ミトンで使用しているのは3種。北海道乳業「リュクス」＝酸味も塩けもマイルド、森永乳業「フィラデルフィア」＝酸味、塩け、風味が強め、ベル ジャポン「キリ」＝酸味、塩け、乳の風味のバランスがいい。

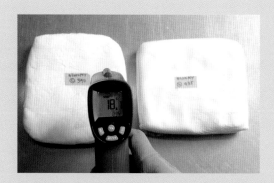

POINT 2

混ぜはじめる温度が重要

冷たい（16〜18℃）クリームチーズはかたいので、必然的に攪拌時間が長くなり、結果として気泡を多く含んだ生地になる。これはオリジナルチーズケーキに使う。これとは逆に、温めた（26〜30℃）チーズはやわらかいので、材料をなめらかに混ぜることができ、気泡の少ない密な生地になる。これはバスク風チーズケーキに。いずれの場合も、クリームチーズは厚さ1.5cmほどにカットし、表面が乾燥しないようラップで包み、電子レンジなどで加熱して適温にする。

POINT 3

攪拌中も一定の温度を保つ

クリームチーズに混ぜ込んでいく卵や生クリームも適温にする。生地の温度が上がるとチーズがダレたり、卵が分離したりする。また焼成前の生地も適温にすることで、焼き時間が定まり管理しやすくなる。

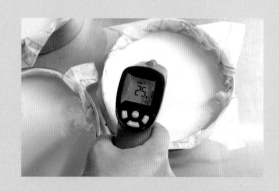

POINT 4

混ぜムラをなくして
なめらかな生地をつくる

マシンで攪拌中はこまめにボウル内をはらって、混ぜムラやクリームチーズの粒をなくす。加える卵や生クリームの量が多いときは分けて加え、その都度ボウル内やビーターについた生地をはらう。はらったあとは、かならず10秒ほど再度攪拌してから次を加える。

ニューヨークチーズケーキのポイント

POINT 1

低温でぎりぎりに火を通す

気泡を含ませたソフトな食感を生かすため、150℃の低温で焼いて、火を通し過ぎないように気をつける。型から出るまで生地をふくらませると、冷めると沈んでかたくなってしまう。実際にニューヨークで人気店を回って気づいたのは、どの店もクリームチーズの割合が多く、材料はごくシンプル。この経験がこのレシピにも生きている。底生地にスパイス味のビスケットを敷くことで、底からの熱の入り方をやわらかくしている。

POINT 2

バリエーション

このチーズ生地は、バリエーションをつけやすい。基本は、底生地にロータス（ビスコフ）のビスケットを使ったもの。シナモンなどのスパイスの香りが生地に移り、カラメルソースもよく合う。ほかに、底生地なしで、焼成途中にクランブル（p.127）をのせて焼いたり、チーズ生地の一部に抹茶やナッツのペーストやベリーのソースを混ぜて、まだらに置いたり、層にして焼くのもおすすめ。

ニューヨークチーズケーキ・カラメルビスケット

＊キッチンエイドでつくりやすい量（15cm丸型3台分）。

＊最低量は1/3（1台分）、最大6台分。7台以上は大ボウルに移して生クリームを加える。

材料 （直径15cmの底の抜けない丸型3台分）

- クリームチーズ（フィラデルフィア）… 435g
- クリームチーズ（リュクス）… 390g
- グラニュー糖（細粒）… 200g
- バニラペースト … 小さじ1/3
- 全卵 … 276g
- 生クリーム … 69g
- 薄力粉（バイオレット）… 18g

底生地

- スパイス入りビスケット（ロータス・ビスコフ）
  … 300g
- ＊グラハムクラッカーにシナモンとクローブのパウダー
  を混ぜてもよい。
- バター … 80g

カラメルソース

- カラメルベース（p.126）… 30g
- シロップ（p.126）… 16g

ロータス・ビスコフ（飾り用）… 適量

準備

底生地

- 型にオーブンペーパーを敷き込む。
- スパイスビスケットは砕いて厚手のビニール袋に入れ、
  さらに上からめん棒を転がして粗めの粉末状にする。
- バターを溶かす。

チーズ生地

- クリームチーズは16〜18℃にする。
- 卵は20〜22℃にする。

オーブン

底生地　予熱190℃、焼成170℃

チーズ生地　予熱170℃、焼成150℃

工程 （ニューヨークチーズケーキ、オリジナルベイクドチーズケーキ、バスク風チーズケーキ共通）

＊底生地がある場合は準備する
↓
チーズ生地
[machine]
クリームチーズを攪拌する
＊グラニュー糖を加える。
↓
卵と生クリームを加えて混ぜる
＊卵は3回に分けて加える。
↓
[handwork]
粉類を加えて混ぜる
↓
[oven]
型に流して、焼成
＊オリジナルベイクドチーズケーキは、余熱におく。
↓
冷蔵（5時間）

食べごろと賞味期限

- 焼成後はひと晩ねかせて、翌日から3日目ぐらいが食べごろ。
- 賞味期限は4日間。

ニューヨークチーズケーキ・カラメルビスケットのつくり方

1 底生地を焼く。ボウルに粗く砕いたスパイスビスケットを入れ、溶かしバターを加えてむらなく混ぜ合わせる（a）。

2 1台につき97gを型に入れ、カードで押してきっちりと平らに敷き込む（b）。170℃のオーブンで8〜10分間焼く。そのまま冷ます。

3 キッチンエイドのボウルにクリームチーズを入れて、グラニュー糖、バニラペーストを加え、攪拌する。グラニュー糖が溶けてチーズになじむように、はじめは低速で攪拌し、なじんだら速度を上げる。

キッチンエイド・ビーター

S 1→2
T 各20〜25秒
B 全体がなじんで均一になる

＊ボウル内とビーターをこまめにはらいながら攪拌する（c）。

4 速度を上げて、空気を含ませながら攪拌してなめらかにする。途中ではらう。

（同）

S 3
T 2分間
B なめらかになって、白っぽくなる

5 攪拌しながら卵を3回に分けて加える（d）。

（同）

S 3
T 計3分
B とろりとして、なめらかになる

＊卵を加えて均一に混ざったら、その都度ボウル内をはらう。

＊卵を全量入れ終わったら、ゴムべらで底から混ぜてムラやチーズの粒がないか確認する。あればへらで押しつぶすようになじませて、再度15秒間ほど攪拌する。

6 生クリームを加えて、攪拌する。

（同）

S 2
T 10〜15秒
B 均一になる

＊ボウル内をはらい、その後10秒間ほど攪拌するが、攪拌し過ぎに注意。気泡を含みすぎると焼成中に大きくふくらみ、ひび割れることがある。

7 別のボウルに生地の1/5をとり、薄力粉を加え、泡立て器で混ぜて均一にする（e）。**6**のボウルに戻して、泡立て器でよく混ぜ合わせる（f）。

8 **2**の型に1台につき約450gを流し入れ（g）、150℃のオーブンで43〜45分間焼く。

＊全体が2〜2.5cmほどふくらんで、触ると弾力が出たら、それ以上は焼かない。冷めると元の高さまで戻る。

9 型のまま冷ましてから、ラップで覆い冷蔵庫でひと晩おく。

10 カラメルベースをシロップでゆるめて、とろりと流れるくらいのカラメルソースにする。型からはずし、切り分けて、ソースと飾り用のロータス・ビスコフを半割にしたものを添える。

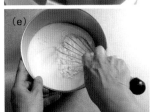

オリジナルベイクドチーズケーキのポイント

POINT 1

攪拌中は24℃以下に

クリームチーズは16〜18℃で攪拌をはじめ、バター、サワークリーム、卵は18〜20℃にしたものを順に加え、その都度攪拌する。ほどよく気泡を含ませ、風味はリッチでも軽やかさを残した口あたりにする。生地が24℃以上になるとバターが溶けて分離し、ぼそぼそとした口どけの悪い仕上がりになってしまうので注意する。

バスク風チーズケーキのポイント

POINT 1

外を焦がし、中は半熟に

本場で味わったときの感激を忘れずに再現を心がけている。周囲は焦げてカラメル風味、中はとろりとクリーミー。発祥の地、バスク地方にあるバル「ラ・ビーニャ」は、1台にチーズ1kgを使うほどの大きさで焼いていたが、ミトンでは直径15cmの型で焼くために、配合、混ぜ方、焼き方などで試行錯誤を重ねた。見極めが難しいが、生地の揺れがなくなると焼き過ぎで、揺れ具合が液状でなくなったころが焼き上がり。

POINT 2

バリエーション

配合はそのままに、思いきって別の焼き方をしてみた。低温で湯せん焼きすると、全体がなめらかなプリンのようになって、これも好評。副材料として作りおきしているアンズの甘煮とプルーンの紅茶煮の甘酸っぱさが、とてもよく合う。

オリジナルベイクドチーズケーキ

＊キッチンエイドでつくりやすい量（15cm丸型3台分）
＊最低量は1/3量（1台分）、最大6台分。

材料	（直径15cmの底の抜けない丸型3台分）

クリームチーズ（キリ）… 643g
グラニュー糖（細粒）… 200g
バニラビーンズ … 約4.5cm
（またはバニラペースト … 小さじ1/3）
発酵バター … 72g
サワークリーム … 287g
┌ 全卵 … 180g
└ 卵黄 … 60g
コーンスターチ … 21g

底生地
ジェノワーズ（p.74）
　　… 直径15cm厚さ1cm×3枚

準備

底生地
• 型にオーブンペーパーを敷き込む（p.94）。
• ジェノワーズを敷く。

チーズ生地
• クリームチーズは16～18℃にする。
• バター、サワークリーム、卵（卵黄と合わせる）は18～20℃にする。

オーブン

予熱190℃、焼成170℃

食べごろと賞味期限

• 食べごろは2日から4日目。
• 賞味期限は5日間。冷凍で約20日間保存可。解凍は冷蔵庫で。

1 キッチンエイドのボウルにクリームチーズを入れて、グラニュー糖、バニラビーンズを加え、ニューヨークチーズケーキ（p.91）のつくり方3～4と同様に撹拌する。

2 やわらかく練ったバターを加えて、撹拌する。

キッチンエイド・ビーター
S 2
T 20秒
B 均一になる

3 サワークリームを3回に分けて加え、その都度撹拌する。

（同）
S 2
T 各20秒
B 均一になる
＊サワークリームを入れる前に都度ボウル内をはらう（a）。

4 撹拌しながら卵を3回に分けて加える（b）。

（同）
S 2
T 計2分
B さらりとして、ビーターで持ち上げるとたらたらと流れ落ちる
＊卵を加えて均一に混ざったら、その都度ボウル内をはらう。
＊卵を全量入れ終わったら、ゴムべらで底から混ぜてムラやチーズの粒がないか確認し、あればへらで押しつぶして15秒ほど撹拌する。

5 別のボウルに生地の1/5を入れてコーンスターチを加え、泡立て器で混ぜて均一にし、**4**のボウルに戻して、泡立て器でよく混ぜ合わせる。

6 1台につき480gを型に流し入れる（c）。生地の表面に盛り上がったところがあれば、ゴムべらを差し入れて生地をゆらし、表面をならす。

7 170℃のオーブンで30分間、湯せん焼きする（d）。一部にうっすらと焼き色がついたらオーブンを消して、そのままおく。1時間以上おき、粗熱がとれたらオーブンから出して、型のまま冷まし、ラップで覆い冷蔵庫でひと晩おく。

(a)

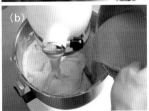
(b)

(c)

(d)

バスク風チーズケーキ

＊ キッチンエイドでつくりやすい量（15cm丸型3台分）
＊ 最低量は1/3量（1台分）、最大5台分。6台以上は大ボウルに移して生クリームを加える。

材料 （直径15cmの底の抜けない丸型3台分）

- クリームチーズ（キリ）… 330g
- クリームチーズ（フィラデルフィア）… 330g
- グラニュー糖（細粒）… 300g
- 全卵 … 450g
- 卵黄 … 33g
- 生クリーム … 510g
- レモンの搾り汁 … 9g
- 薄力粉（バイオレット）… 24g
- コーンスターチ … 12g

準備

- クリームチーズは26〜30℃にする。
- 全卵と卵黄を合わせて20〜22℃にする。
- 生クリームは約25℃にする。
- 薄力粉とコーンスターチを合わせる。
- 30cm角のオーブンペーパーを型に沿うようにしわを寄せながら敷き込む。少しだけ小ぶりの丸型があると、入れ子にしてきっちりと敷き込むことができる。

オーブン

予熱240℃以上、焼成240〜250℃

食べごろと賞味期限

- 食べごろは2日目以降。
- 賞味期限は4日間。冷凍不可。

1 キッチンエイドのボウルにクリームチーズとグラニュー糖を入れて、撹拌する（a）。

キッチンエイド・ビーター

- **S** 1
- **T** 1〜2分間
- **B** グラニュー糖が溶けてつやが出る

＊途中、適宜はらう。

2 撹拌しながら卵を3回に分けて加える（b）。

（同）

- **S** 1
- **T** 計1分30秒
- **B** 均一な状態になる

＊途中、ボウル内とビーターをはらう。
＊卵を全量入れ終わったら、ゴムべらで底から混ぜてムラやチーズの粒がないか確認し、あればへらで押しつぶすようにして混ぜ、30秒ほど撹拌する。

3 生クリームと、レモンの搾り汁を加える。

（同）

- **S** 1
- **T** 計30〜40秒
- **B** 均一な液状になる

4 別のボウルに生地の1/5をとり出し、粉類を加え、泡立て器で混ぜて均一にし、**3**のボウルに戻して、泡立て器でよく混ぜ合わせる。

5 25℃にした生地を1台につき665g型に入れ（c）、240〜250℃のオーブンで20〜24分間、上面に焦げ目がつくまで焼く（d）。上面はゆらゆらゆれている状態でオーブンから出す。

6 型のまま冷まし、ラップで覆い冷蔵庫でひと晩おく。

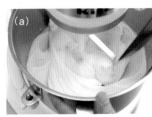

バスク風チーズケーキのバリエーション

アンズとプルーンの
チーズケーキ

＊左ページのバスク風チーズケーキ3台
分に対し、乾燥あんずの甘煮（p.127）、
ドライプルーンの紅茶煮（p.127）を各
180g使う。

＊あんずの甘煮とプルーンの紅茶煮は2cm
角に切り、それぞれ円を描くように底に並
べ入れると、切り分けたときに均等になる。

＊生地のつくり方は同じ。180℃のオーブ
ンで35〜40分間、湯せん焼きする。上
面がうっすらと焼き色がつき、竹ぐしを刺し
て生っぽい生地がついてこなければ焼き上
がり。

Chocolate cake
チョコレートケーキ

ホールなら、生クリームやクロッカント、ナッツを飾って仕上げることも。カット売りは、シンプルにラズベリーソースを添える。

蒸し焼きガトー・ショコラ

ガトー・ショコラのおいしさは、チョコレートそのもののような密度のあるなめらかさとコク、そして余韻にあると思う。このケーキは別立てでつくるクラシック・ショコラをベースに、湯せんで焼き、中心まで火を通し過ぎないように細心の注意を払うことで、生チョコのような口どけに仕上げた。また、クーベルチュールとカカオパウダーをそれぞれブレンドするのもポイント。ケーキに華やかさと奥行きを与えつつ、とがり過ぎない食べやすさに着地させている。一見すると地味で単調なお菓子だが、食べ心地のよさや満足感がお客さまに伝わるからこそ、長く売れ続けるのだと思う。

チョコレートケーキのポイント

POINT 1

クーベルチュールとカカオパウダーは
それぞれブレンドする

クーベルチュールは、ペック、ヴァローナ、カカオバリーの3社の、カカオ分の異なるいくつかの銘柄を組み合わせて使う。カカオパウダーも然り。1種の銘柄では単調な味になりやすく、同じメーカーをブレンドしても味の幅が出ないため、複数のメーカーや銘柄をミックスして、味わいの奥行きと余韻をつくる。お菓子に仕立てたときにこの違いが顕著に表れる。注意したいのは、主張のあるペックやヴァローナだけでなく、万人受けする製品も加えて誰もが食べやすく飽きのこない味に仕上げること。カカオの濃厚な味わいや風味を引き立てつつ、最終的な味がとがり過ぎないことも重要。

POINT 2

卵黄生地とチョコレートは
混ぜ終わりを40℃以上にする

チョコレートを加えると卵黄生地が締まり、次に加えるメレンゲが混ざりにくくなる。とくに冬場はすぐにかたくなるので、チョコレートは50℃以上、卵黄生地は36℃で合わせ、混ぜ終わりを40℃以上にして、冷めないうちにメレンゲを加える。

POINT 4

中心までは完全に焼かない

湯せん焼きでゆっくり火を通し、竹串を刺すとトロっとした生地がついてくる状態が焼き上がり。串に生地がつかないようでは焼き過ぎで、なめらかさがなくなり、チョコレートの味も薄まってしまう。卵に火は通っているので衛生上は問題なく、冷めればケーキ自体は固まる。ガトー・ショコラやチーズケーキ類は「生焼け」のおいしさをもっと伝えていきたい。

POINT 3

メレンゲ合わせは大胆に

メレンゲはしっかりと泡立てる。シフォンケーキ（p.66）を最大値とすると、その9割くらいが目安。最初にメレンゲの1/4ほどをチョコレート生地に加えたら、泡立て器でよく混ぜてなめらかに。残りを合わせてシフォン混ぜ（p.24）で100回以上、メレンゲが見えなくなるまでよく混ぜる。メレンゲの泡は消えてよい。泡の破片が入り込むことで口どけがよくなると考え、生地の中にチョコレート色の筋（死に生地）が見えるまで混ぜ込んで、さらりと流れる生地にする。混ぜ足りないと密度が出ず、味が薄くなるのでしっかりと混ぜること。

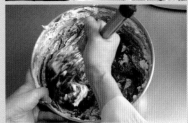

蒸し焼きガトー・ショコラ

＊ キッチンエイドでつくりやすい量（15cm丸型3台分）。
＊ 大ボウルでチョコレート生地をつくり、ここにキッチンエイドで泡立てたメレンゲを加える。
＊ 冷蔵ではやわらかくてカットできないので、冷凍して保存する。
＊ 最低量は1/3（1台分）。

材料 （直径15cmの底の抜けない丸型3台分）

A クーベルチュールチョコレート
  （カカオバリー・エクセランス／カカオ分55%）… 63g
  （ペック・スーパーゲアキル／同64%）… 127g
  発酵バター … 130g
生クリーム … 110g
  卵黄 … 130g
  グラニュー糖（細粒）… 124g
B カカオパウダー … 104g
  （バンホーテン69g、ペック35g）
  薄力粉（バイオレット）… 41g
  卵白 … 262g
  グラニュー糖（細粒）… 130g

デコレーション
ホイップクリーム（p.74）… 210g
ピーカンナッツ、クロッカント、
  薄板チョコ（p.127）など … 各適量

準備

• **A** と **B**、それぞれを合わせる。
• 生クリームは40℃に温める。
• 卵白は5〜10℃に冷やす。
• 型にオーブンペーパーを敷き込む。長辺の片側に切り
  込みを入れた紙を側面に当ててから、底紙を敷く。

オーブン

予熱190℃、焼成170℃

工程

卵黄、グラニュー糖を混ぜ合わせる
↓
溶かしたチョコレートにバター、
生クリームを加え、混ぜる
↓
卵黄とチョコレート生地を合わせる
＊粉類も加え、混ぜる
↓
machine
卵白を泡立てる
↓
handwork
チョコレート生地とメレンゲを
合わせて混ぜる
↓
oven
型に入れて、湯せん焼き
↓
冷凍（3時間以上）

食べごろと賞味期限

• 冷凍庫でひと晩落ち着かせた、翌日以降が食べごろ。
• 賞味期限は5日間。冷凍のまま2週間間保存可。

蒸し焼きガトー・ショコラのつくり方

1 **A**のチョコレートをボウルに入れ、湯せんにかけて溶かし混ぜ、50℃以上にする。生クリームを加えて混ぜる（a）。

2 大ボウル（直径36cm）に卵黄、グラニュー糖を入れて、泡立て器ですり混ぜる。湯せんにかけて、さらに混ぜながら40℃くらいまで温めて、湯せんからはずす。

3 **2**のボウルに**1**を入れて混ぜる。さらに**B**の粉類を加えて、泡立て器で素早く一気に混ぜ合わせる（b）。カカオ分が入ると生地がかたくしまってくるので注意。生地を40℃以上に保つ。

4 キッチンエイドのボウルに卵白とグラニュー糖小さじ1を入れて攪拌する。

キッチンエイド・ホイッパー
- **S** 10
- **T** 1分30秒
- **B** もこもこと粗く泡立ち、周囲がボウルからはがれるようになる

5 攪拌しながら、残りのグラニュー糖を2回に分けて加える。

（同）
- **S** 10
- **T** 1分→1分30秒
- **B** 砂糖を加えると一度、平らになり、再びもこもこと泡立つ。しっかりしたメレンゲになる（c）

6 メレンゲの1/4を**3**のボウルに加えて、泡立て器でメレンゲが見えなくなって、なめらかになるまで混ぜる。混ざりにくいので注意する。残りのメレンゲも加えて混ぜる（d）。

シフォン混ぜ（p.24）
- **N** 100回前後
- **B** メレンゲの気泡が見えなくなり、さらさらと流れるような生地になる（e）
- **D** 75g前後

7 1台につき390gを型に入れ、台に軽く落として空気を抜き、さらに型ごと勢いよく回して表面をならす。

8 170℃のオーブンで22〜24分間、湯せん焼きする（f）。竹串をゆっくり生地に刺して、焼き上がりを確認する。型の縁から1.5cm内側に刺すと何もつかず、中心を刺すととろりとしたあん状の生地がつくくらいでオーブンから出す（g）。

9 型ごと網にのせて冷まし、冷凍庫でひと晩おく。

10 ホイップクリームで上面をナッペして、筋をつけて飾り（h）、ナッツや割ったクロッカント、薄板チョコなどを飾る。またはカットして、ラズベリーソース（p.126）を添える。

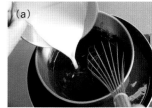
(a)

(b)

(c)

(d)

(e)

(f)

(g)

(h)

Banana Cake
タイ風バナナケーキ

丸型で焼いてスライスして
もいいし、カップケーキ型
で焼いても。

バンコクの食品店やスーパーマーケットなどでよく見かける、現地ではおなじみのバナナケーキ。日本にはないふわふわと弾力のある食感と、自然なバナナの味が気に入って、タイ人のシェフからつくり方を習った。タイのお菓子の特徴である甘じょっぱい味と、薄力粉まで卓上ミキサーでしっかり混ぜること、手軽な植物油を使うことなど、南国らしい味わいと柔軟な発想に刺激を受けた。

ひと口サイズは、詰め合わせにも向く。

タイ風バナナケーキのポイント

POINT 1

完熟バナナを使う

このケーキは、皮に黒い斑点（シュガースポット）が出るくらい、よく熟したバナナが向く。シフォンでは熟れ過ぎたバナナは生地に穴が開くため使えないが、このケーキは問題ない。熟れたバナナの冷凍ストックでも問題なく使える。

POINT 2

すべての材料をマシンで混ぜる

卵を泡立て、粉、オイル、バナナを順に加えて攪拌するだけ。粉が多いので、一度マシンの羽根を手で持ち上げて、ムラのないように軽く混ぜて、再びマシンにかける。粉や材料をよく攪拌することでグルテンを切るというアメリカンスタイルの製法。スタッフの間でも話題の食感だ。

POINT 3

バリエーション

ココナッツオイルとココナッツファインでトロピカルな風味に仕上げたものや、レモンの酸味とポピーシードを合わせてアメリカンカップケーキ風にアレンジしたものなど、いろいろなバリエーションが楽しめる。

タイ風バナナケーキ

＊キッチンエイドでつくりやすい量（15cmの丸型3台分）。
＊最低量は1/3（1台分）、6台分以上は粉合わせから大ボウルに移す。

材料

（直径15cmの丸型3台分、
　または直径7cmのマフィン型18個分、
　または直径4〜4.5cmのミニマフィン型約60個）

全卵 … 180g
グラニュー糖（細粒）… 190g
A 薄力粉（バイオレット）… 210g
　┌ 重曹 … 4g
　└ ベーキングパウダー … 7g
塩 … 2g
太白ごま油 … 190g
　┌ バナナ（正味）… 260g
　└ レモンの搾り汁 … 7ml

準備

- 卵は20〜22℃にする。
- **A**を合わせる。
- 丸型にはオーブンペーパーを敷き込む（p.98）。マフィン型には、カップケーキ用のグラシン紙を敷く。

オーブン

予熱200℃、焼成180℃

食べごろと賞味期限

- 食べごろは当日から3日間。
- 賞味期限は7日間。

工程

バナナをつぶす
＊レモンの搾り汁をかける。
↓
[machine]
卵とグラニュー糖を泡立てる
↓
粉類を加えて混ぜる
↓
オイルを加えて混ぜる
↓
バナナを加えて混ぜる
↓
[oven]
型に流して、焼成

(a)

(b)

(d)

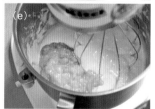
(e)

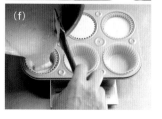
(f)

タイ風バナナケーキのつくり方

1 バナナをフォークか泡立て器でつぶす。粗めでもピュレ状でもどちらでもよい。レモンの搾り汁をかける。

2 卵とグラニュー糖をキッチンエイドのボウルに入れて軽くなじませ（a）、泡立てる（b）。

キッチンエイド・ホイッパー
S 7
T 3分〜3分30秒
B 白っぽくなり、ホイッパーで持ち上げるとさらさらと落ちて、跡がすぐに消える
＊寒い時期は、軽く湯せんにかけてから泡立てる。

3 **A**の粉類と塩を加えて、ホイッパーでなじませてから（c）、低速で撹拌し、粉が見えなくなったら少し速度を上げてさらに撹拌する。

（同）
S 2→3
T 30秒→30秒
B 粉けが見えなくなったら速度を上げる。もったりとする
＊ボウル内をよくはらう。

4 撹拌しながら太白ごま油を4回に分けて加える（d）。1回目を加えてなじんだら次を加える。混ざりにくいときは手で羽根を持って混ぜる。

（同）
S 2〜3
T 加えるごとに30秒、計3分間
＊入れ終わったらボウル内とホイッパーをはらって再度撹拌する。

5 **1**のバナナを全量加え（e）、再び撹拌する。

（同）
S 3
T 1分〜1分30秒
B 濃度はあるがとろりと流れる生地
＊バナナが完全になじんでからさらに30秒撹拌する。

6 型に流し入れる。丸型は1台350g、マフィン型は6個で350g、ミニマフィン型は12個で210g（f）。180℃のオーブンで、丸型は25分間、マフィン型は23分間、ミニマフィン型は16〜17分間を目安に焼く。割れ目にもうっすらと焼き色がつくまで焼く。
＊小さい型には、絞り入れる。

タイ風バナナケーキのバリエーション

ココナッツカップケーキ

材料

（直径7cmのマフィン型16〜18個分、
または直径4〜4.5cmのミニマフィン型約50個分）

全卵 … 180g
グラニュー糖（細粒）… 200g
A 薄力粉（バイオレット）… 200g
└ ベーキングパウダー … 10g
┌ 太白ごま油 … 150g
└ ココナッツオイル … 50g
牛乳 … 100g
ココナッツファイン … 60g

飾り用
ココナッツファイン … 10g

タイ風バナナケーキ（左ページ）と同様につくる。粉を混ぜたら太白ごま油とココナッツオイルを合わせたものを加え、バナナの代わりに牛乳、ココナッツファインを順に加える。ココナッツファインを加えたら速度**1**でなじむまで撹拌する。型に入れて180℃のオーブンで24分間を目安に焼く。
＊ミニマフィン型は16〜17分間。

レモン＆ポピーシードのカップケーキ

材料

（直径7cmのマフィン型16〜18個分、
または直径4〜4.5cmのミニマフィン型約50個分）

全卵 … 180g
グラニュー糖（細粒）… 210g
A 薄力粉（バイオレット）… 200g
└ ベーキングパウダー … 9g
太白ごま油 … 200g
牛乳 … 100g
レモンの表皮（すりおろす）… 60g
レモンの搾り汁 … 大さじ1強

タイ風バナナケーキ（左ページ）と同様につくる。バナナの代わりに牛乳を加え、牛乳がなじんだらレモンの皮と搾り汁を加えて、速度**3**で40秒撹拌してなめらかな生地にする。型に入れて、180℃のオーブンで24分間を目安に焼く。
＊ミニマフィン型は16〜17分間。

Carrot cake
キャロットケーキ

材料を順に混ぜるだけで簡単にできるキャロット
ケーキ。一般的なつくり方は卵を泡立てないが、
ミトンのものは全卵共立てでつくるソフトでふんわ
りとした口あたりが特徴。粉にヘーゼルナッツや
アーモンドパウダーを加えて、コクと風味をプラス。
ただし、ナッツの油分で気泡がつぶれやすいため、
粉類は最後に合わせる。ナツメグやレモンゼスト
も入って、自然な風合いながら上品な味わい。お
やつのキャロットケーキとは違う、パティスリーら
しい"ガトー"に仕立てた。レモン風味のなめらか
なメレンゲを添える。

焼いてひと晩おくと、しっとりと落ち
着いて食べごろになるので、前日に
仕込み、当日にメレンゲをのせる。

キャロットケーキのポイント

POINT 1
ニンジンは搾る前後で計量

ニンジンは適度に水分を残すように搾って生地に加えるが、仕上がりがブレないように、搾る前後で重量を計る。皮をむいてすりおろした正味を計量し、水けを搾るが、目安のグラムより重ければさらに搾り、少なければ搾り汁を戻して調整する。ニンジンの皮からはアクが出て褐変するため、むいてから使う。

POINT 3
具材同士を先に合わせ、効率よく混ぜる

ふんわりとした気泡ができたら、泡を残すように効率よく具材を混ぜていく。ニンジンとレモン汁、薄力粉とナッツパウダーとスパイス、ナッツとレーズンとレモン皮は、それぞれ先に合わせておき、一度に加えて混ぜる回数を減らす。

POINT 2
共立てで強い気泡をつくる

全卵共立てのジェノワーズのように、マシンでしっかりとした気泡をつくる。この気泡がふんわりソフトな口あたりを生むが、最後にナッツの油分で泡が消えやすいため、ジェノワーズのように低速で泡を整えなくてよい。卵を泡立てないと目の詰まった仕上がりになる。

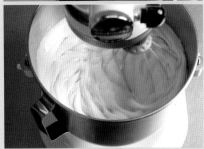

POINT 4
仕上げはスイスメレンゲ

キャロットケーキのトッピングは、クリームチーズやサワークリームに砂糖を加えたものが主流だが、このケーキにはスイスメレンゲがよく合う。このメレンゲは甘さを控えた配合で、日持ちがしないので賞味期限は当日中。少量の場合はハンドミキサーで、小さじ1/2ほどの砂糖を加えて最大限まで泡立て、残りの砂糖を加えながらしっかりとしたメレンゲをつくる。最後にレモンの皮のすりおろしを加えて卵白臭さをとる。

キャロットケーキ

＊キッチンエイドでつくりやすい量（18cmの丸型3台分）。
＊最低量は1/3（1台分）。

材料 （直径18cmの丸型3台分）

- ニンジン（すりおろす）… 680g
  - →これを搾ったもの … 470g
- レモンの搾り汁 … 32g

- 全卵 … 315g
- グラニュー糖（細粒）… 157g
- ブラウンシュガー … 80g

太白ごま油 … 126g

A 薄力粉（バイオレット）… 220g
- アーモンドパウダー … 160g
- ヘーゼルナッツパウダー … 126g
- ベーキングパウダー … 10g

塩 … 1.5g

スパイス

- ナツメグ（すりおろす）… 2g
- ジンジャーパウダー … 2g
- クローブパウダー … 2g
- シナモンパウダー … 4g

レモンの表皮（すりおろす）… 1/2個分
クルミ … 130g
レーズン … 75g

メレンゲ

- 卵白 … 95g
- グラニュー糖（細粒）… 150g
- レモンの表皮（すりおろす）… 1/2個分

準備

- **A**を合わせ、塩、スパイスを合わせる。
- レーズンはぬるま湯でもどす。
- 型にオーブンペーパーを敷き込む（p.90）。

オーブン

予熱200℃、焼成180℃

工程

ニンジンをすりおろし、汁けを搾る
＊レモンの搾り汁をかける。
↓
卵と砂糖を湯せんにかける
↓
machine
卵を泡立てる
↓
オイルを加えて混ぜる
↓
handwork
ニンジン、クルミ、レーズンを合わせて混ぜる
↓
粉類とスパイスを加えて混ぜる
↓
oven
型に流して、焼成
↓
冷めたら、メレンゲでデコレーションする

食べごろと賞味期限

- 食べごろは2日目ぐらいから。
- 賞味期限は生地のみなら常温で2日間、冷蔵で4日間。メレンゲをのせたら当日中。
- ケーキが期限内であればメレンゲをつくり直し、塗り直してOK。

キャロットケーキのつくり方

1 ニンジンは皮をむいてすりおろし、680gを搾って、470gにする。レモンの搾り汁をかける。

2 キッチンエイドのボウルに卵を入れてほぐし、グラニュー糖とブラウンシュガーを入れて混ぜる。湯せんにかけて40℃にし（a）、マシンにセットして攪拌する。

キッチンエイド・ホイッパー
- ⓢ 6
- ⓣ 6分
- ⓑ 白っぽくなり、ホイッパーで持ち上げると生地の跡が残る（b）

3 攪拌しながら太白ごま油を加える（c）。

（同）
- ⓢ 1
- ⓣ 20〜30秒
- ⓑ 油が均一に混ざる
＊ホイッパーで底からすくって油の混ぜムラがないか確認する。

4 ボウルをはずし、ゴムべらで**1**のニンジンを混ぜ合わせ、レモンの皮、ローストしたクルミ、レーズンを加えて（d）ざっと混ぜる。

5 粉とスパイスを合わせた**A**を加えて、ゴムべらでゆっくりていねいに混ぜる（e）。

ジェノワーズ混ぜ（p.23）
- Ⓝ 20回
- ⓑ 粉けがなくなれば混ぜ終わり

6 1台につき約550gを型に入れ（f）、カードで表面を軽くならす。180℃のオーブンで33〜35分間焼き色がつくまで焼く（g）。

7 型からはずし、網にとって冷ます。

8 メレンゲを泡立てる。キッチンエイドのボウルに卵白、グラニュー糖少量を加えて攪拌する。もこもこ泡立ってきたら攪拌しながら残りのグラニュー糖を2〜3回に分けて加え、さらに泡立てる。

キッチンエイド・ホイッパー
- ⓢ 10
- ⓣ 3分×2〜3＝計6〜8分
- ⓑ つやが出て角がピンと立つ

9 **8**のメレンゲにレモンの皮のすりおろしを加え混ぜ、ケーキの上にデコレーションする（h）。その上からもレモンゼストを適量ふる。

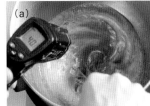

(a)

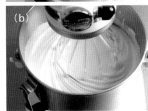

(b)

(c)

(d)

(e)

(f)

(g)

(h)

自家製の金柑コンポートに、香ばしいゴマ
を合わせたオーブンミトンのロングセラー。

金柑とごまのタルト

焼き込みフルーツのタルト
（大石プラム、パイナップルとバナナ、甘夏）

旬のフルーツを使った焼き込みタルト。果実
のエキスを煮詰めたみずみずしい味わいと、
アーモンドクリームのハーモニーが楽しめる。

フレッシュフルーツのタルト
（いちご、バナナ）

カスタードとフルーツの組み合わせ。サクサ
クのタルト生地に塗った自家製のカラメル
ベースやラズベリージャムがいいアクセントに。

オーブンミトンのフルーツタルトは、焼き込むことで生まれる果実の凝縮された酸味と甘み、
クレーム・ダマンドのコク、サクサクのタルト生地が相まって、余韻まで美しい一体感を生む。
味の決め手は、発酵バターをたっぷりと使った、甘みのないパート・ブリゼ。この生地は折
り込みナシ、ミキサーで混ぜるだけでパイのような層ができる手軽さだが、生のフルーツをの
せて焼いても、サクサクの口あたりがずっと持続するすぐれモノ。また、クレーム・ダマンドは
カリフォルニア産カーメル種のアーモンド粉のみを使い、しかも小麦粉などのつなぎを入れな
いため、アーモンドらしいこっくりした味わいと卵の豊かな香りがより鮮烈になる。シンプル
な構成ゆえに、材料を厳選し、各パーツの味わいを引き立たせている。

タルトのポイント

POINT 1

卵黄水は冷やして加える

このブリゼ生地はとても簡単。指で押せるくらいのバターをマシンにかけ、粉を加えて粒状にする。そこに卵黄、水、塩、砂糖を合わせた、卵黄水を加えてひと混ぜするだけ。これだけでサクサクのパイのような層ができる。ポイントは卵黄水をよく冷やして加えること。夏場は少ない水でも生地はまとまるが、この水分がはらはらとした食感をつくるため、かならず規定量を加える。

POINT 2

生地はねかせて使う

混ぜ終わったブリゼ生地は、ひと晩冷蔵庫でねかせてから使う。生地がつながってサクみが増し、また冷やすことで生地がダレずに扱いやすくなる。使いやすいように厚手のビニール袋に入れ、2cmほどの厚さにのばして冷蔵庫（冷凍可）へ。

POINT 3

アーモンドの風味を大切に
品種を限定し、つなぎを入れない

クレーム・ダマンドに求めるものは、アーモンドの風味と豊かな味わい。混ぜ物のない米国産カーメル種を100%使用し、小麦粉やコーンスターチなどのつなぎも入れない。つなぎがない分、風味は際立つが、冷蔵後に練ると分離するので注意する。ダマンド単体では冷蔵保存しない（ブリゼに敷き込んだものは冷凍可）。

POINT 4

季節の果実を使う
バリエーション

春　イチゴとカスタード（フレッシュ）、甘夏

夏　大石プラム、プルーン、アンズ、イチジク

秋　洋ナシ、プラムリーアップル、リンゴ（紅玉）など

金柑の甘煮とバナナ＆パイナップルは、通年販売している。

POINT 5

フルーツを焼き込むコツ

生のフルーツをのせて焼き込むタルトは、焼成中にみずみずしい果実がクレーム・ダマンドに沈み込み、これらが一体となった絶妙の味わいが生まれる。食べ飽きしない具材のバランスと、美しい焼き色のためには以下の点を注意する。

・型の選び方

マトファー社の16cmパン・ド・ジェーヌ型と8cmのミラソン型は、深型でクリームやフルーツをたっぷり詰めることができる。焼成中にフルーツがクリームの中に沈み込み、少しだけ表面に出る、そのくらいのバランスがちょうどよい。型が浅いと、底のブリゼ生地が浮き上がってきたり、逆にクリームがあふれたりする。また、フランス菓子店でよく使うリング状のタルト型は、浅めで具材がたっぷり入らないのと、底がなく重ねにくいので省スペースでのストックに向かないため使っていない。

・フルーツのカットと並べ方

フルーツは切り口を上に向け、焼成中に水分が蒸発するように並べるのがポイント。また、のせるフルーツは酸味と甘みのバランスのよいものを選び、アンズやプラム類の皮は酸味を出すため付けたまま焼く。

・焼き加減

ブリゼ生地は空焼きしないので、フルーツの一部が焦げて全体に濃い焼き色がつくまで火を入れ、底生地までしっかり焼き上げる。フルーツの焦げたところはハサミで切り落として仕上げる。

POINT 6

冷凍で保存する

型に敷き込んだブリゼ生地は、基本的に冷凍保存する。冷蔵でおくと水分が出たり、仕上がりの食感などが変わってしまう。空焼きするときは凍ったまま焼きはじめる。クレーム・ダマンドを詰めた状態でも冷凍できるので、こちらは冷蔵庫に入れるか、レンジで半解凍してからフルーツをのせて焼成する。

金柑とごまのタルト

* ブリゼ生地はキッチンエイドでつくりやすい量（16cm パン・ド・ジェーヌ型6台分）。

* クレーム・ダマンドはキッチンエイドでつくりやすい量（約1,150g、16cm5台分）。

* 最低量はそれぞれ1/3（1台強〜2台分）。

材料

ブリゼ生地（直径16cmの底が抜けるパン・ド・ジェーヌ型6台分）

発酵バター … 300g

薄力粉（バイオレット）… 416g

┌ 卵黄 … 16g

│ 冷水 … 80g

│ 塩 … 4.7g

└ グラニュー糖（細粒）… 8g

クレーム・ダマンド（16cm5台分）

発酵バター … 300g

グラニュー糖（細粒）… 300g

アーモンドパウダー … 300g

全卵 … 260g

仕上げ（1台分）

金柑の甘煮（p.126）… 100g

白ゴマ … 約20g

準備

ブリゼ生地

• バターは22℃にする。

• 卵黄に冷水、塩、砂糖を合わせて卵黄水をつくり、冷やしておく。

• 打ち粉は強力粉を使う。

• めん棒、型など、敷き込み時の道具を冷やしておく。

クレーム・ダマンド

• バター、砂糖、卵は22℃にする。

• アーモンドパウダーは7℃以下にする（冷凍庫に入れる）。

オーブン

予熱210℃、焼成190〜200℃

工程

ブリゼ生地

`machine`

バターを練る

↓

粉を加えて混ぜる

↓

卵黄水を分けて加え混ぜる

↓

冷蔵庫でひと晩やすませる

↓

`handwork`

生地をのばして型に敷き込む

↓

`oven`

クリーム、フルーツなどをのせて焼成

クレーム・ダマンド

`machine`

バターと砂糖を泡立てる

↓

卵を3〜4回に分けて加え、混ぜる

↓

アーモンド粉を加えて混ぜる

↓

`oven`

生地に流して焼成

食べごろと賞味期限

• 金柑とごまのタルトは、食べごろは3日後、賞味期限は5日間。

• 生フルーツを焼き込むタルトは、食べごろは当日、賞味期限は2日間。

• フレッシュフルーツとカスタードをのせたタルトは、食べごろ、賞味期限とも当日中。

金柑とごまのタルトのつくり方

[ブリゼ生地の仕込み]

1 キッチンエイドのボウルにバターを入れて練る（a）。

キッチンエイド・ビーター

S 3
T 30〜40秒→はらって15秒
B なめらかになるまで

2 薄力粉を全量加えて、速度を落とし撹拌する（b）。

（同）

S 1
T 30秒間
B ひとつにまとまらず、ぽろぽろとした状態

3 低速で回しながら、卵黄水を加える（c）。生地がまとまったら一度はらい、仕上げに10秒ほど撹拌して生地をなじませる（d）。

（同）

S 1→はらったら2
T 15秒→はらったら10秒
B ひとかたまりになる

4 厚手のビニール袋に入れて約2cmの厚さにのばし（e）、冷蔵庫でひと晩以上やすませる。

[クレーム・ダマンドの仕込み]

1 キッチンエイドのボウルに、22℃にしたバターとグラニュー糖を入れて泡立てる。途中で適宜はらい、ふんわりと白くなるまで泡立てる（a）。

キッチンエイド・ビーター

S 2
T 2分間
B 白くふんわりとするまで

2 卵を4回くらいに分けて加える（b）。入れたらその都度、撹拌する。

（同）

S 1〜2
T 加えるごとに40秒間
B つながって生地がなじむ（c）

3 冷やしたアーモンドパウダーを全量加えて（d）、なじむまで撹拌する（e）。

（同）

S 1
T 15秒間
B なじんだらOK

4 生地をまとめ、やわらかいようであれば冷蔵庫で冷やして落ち着かせ（10分間程度）、すぐに使う。

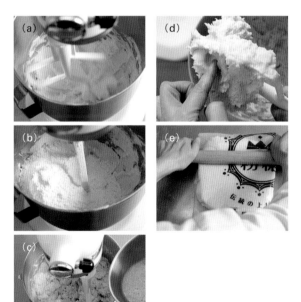

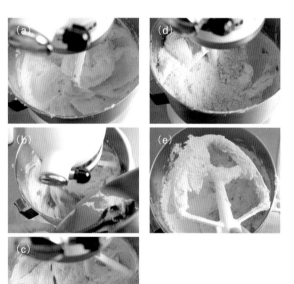

［生地の敷き込みから焼成］

1 やすませた生地を取り出し、1台につき約135gを用意する（敷き込み正味約125g）。台に打ち粉をふり、かどをつぶし（a）、丸く整えてめん棒で円形にのばす（b）。

　＊8cm型の場合は約35gをのばし、敷き込み正味約30g。

2 直径20〜21cmほどにのばし（c）、型にかぶせる。型のかどにすき間が出ないように、生地を内側に軽く折って（d）、型に沿わせてぴたりと敷き込む。

3 上からめん棒を転がして（e）、余分な生地を落とす。小さい型の場合は、ナイフなどで余分を切り落とす（f）。全面にピケする（g）。

4 クレーム・ダマンドを詰め（110g）、ゴムべらでならす（h）。汁けをきった金柑の甘煮をのせ（100g）、上からもダマンドで覆う（90g）（i、j）。

5 上面にゴマをすき間なくふり（k）、軽く押して密着させて190℃のオーブンで50分以上焼く。すぐに型から出して裏面までよく焼けていることを確認したら（l）、網にのせて冷ます。

[焼き込みフルーツのタルト]

左ページ手順**3**まで終えたら、クレーム・ダマンドを詰める。中央部を低く、縁は型の高さと同じに整える。クリーム量は16cm型で150g、8cm型は27g。フルーツ量は16cmで180〜200g、8cmは35g前後。大石プラムは皮付きのままくし形に切り、パイナップルとバナナは食べやすく切る、甘夏は薄皮をむいて、それぞれ生地にのせる。190℃のオーブンで16cmは60分以上、8cmは40分以上焼き、上面がしっかりと焦げるまで火を入れる。焦げたところははさみでカットする。市販のアプリコットジャムを火にかけてゆるめ、熱いうちに上面にはけで塗る。

[フレッシュフルーツのタルト]

左ページ手順**3**まで終えたら、オーブンペーパーやアルミケースなどを敷いてアルミ製の重しをのせ、190℃のオーブンに入れて16cmは40分以上、8cmは約30分間焼く。型からはずして網にのせて冷ます。イチゴ用にはラズベリージャム（解説省略）を、バナナ用にはカラメルベース（p.126）を底面に塗り、カスタードクリーム（p.51）を詰める。上にフルーツを盛り付ける。バナナにはカラメルベースを細く絞ってもおいしい。

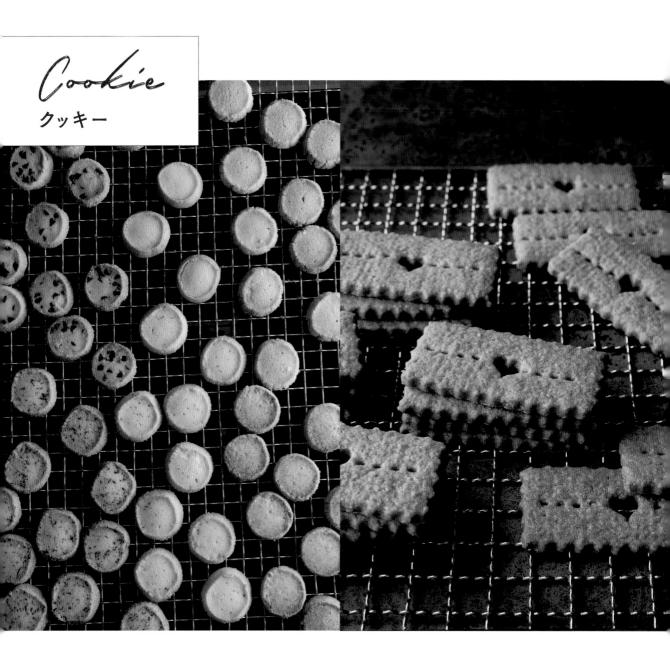

Cookie
クッキー

アイスボックス

サクッと軽やかな食感と、さらさらとした口どけが
特徴のアイスボックスクッキー。通常、ディアマ
ンなどのサブレ生地は、バターの香りを生かすた
めに泡立てないが、ミトンではあえてバターを泡
立て、さらにフレゼで生地のきめを整える。写真
はバニラ、チョコチップ、紅茶、ハーブ、シトロン。
この生地は具材を「あと入れ」してバリエーショ
ンをつくることができる。

スペキュロス

アルザス地方の伝統菓子で、ジャリッとした素朴
な口あたりと、噛みしめるごと感じるスパイスの香
り、粉の深い味わいが印象的。この食感を出す
ために、粗めの砂糖を使い、粉も早い段階で加
えて、できるだけ砂糖を溶かさないように生地を
まとめる。なのでフレゼもしない。これは伝統的
な製法から学んだもので、長く受け継がれてきた
つくり方には深い意味がある。

キッフェルン

三日月型や馬蹄形で知られるウイーン風の焼き菓子。ミトンのキッフェルンは、ヘーゼルナッツの香りとサクッとした食感、サラサラとした口どけが特徴。この生地は小麦粉とコーンスターチ、ヘーゼルナッツ粉が同量ずつ入り、卵を加えないのでグルテンが出にくい。2種のフレゼをすることで、きめの細かい洗練された口あたりに仕上げつつ、粉っぽさを抑えている。

ヴィエノワ

ちょっと大きめの絞り出しクッキー。きめ細かくサクサクの軽やかな口あたりにファンも多い。バターを長時間泡立ててふわふわの生地をつくり、粉類を合わせて圧力をかけて絞るが、材料の温度管理から、途中の経過、最後の絞り出しまで、作り手の経験値と高い集中力が要求される。絞るときの角度を意識すると、エッジが立ち、美しいひだができる。

アイスボックスクッキーのポイント

POINT 1

エクリチュールを使う

一般的な北米系の製菓用薄力粉では、生地が締まっておいしくできない。エクリチュールなどのフランス産小麦粉は、粒子がやや粗く、粘りが少ないため、歯切れのよい食感に仕上がる。

POINT 2

バターを軽く泡立て、フレゼできめを整える

さっくりと軽やかな食感のために最初にバターを泡立てる。ここに粉を加え混ぜ、ふんわりとした生地をつくったあと、生地のすき間から空気だけを抜くイメージでフレゼする。バターの泡立てとフレゼの両方で、サクサク、さらさらの口どけになる。

POINT 3

バリエーション

バニラを入れないプレーンの生地に、途中で具材を加えてバリエーションをつくる。p.119手順3のミトン流フレゼ前の加えるのは、シトロン（レモンゼスト1/3個分）など。手順4のフレゼ後にカードで切り混ぜるのは、ハーブ（タイムとローズマリーを細かくきざむ1.25g）、紅茶（アールグレイ茶葉などを粉砕する4.5g）、チョコチップ、クルミ（それぞれ40g）など。また、エクリチュールの一部を、スペルト小麦、米粉、大麦粉、そば粉などに替えても風味のよいクッキーができる。（）内の分量は1本分150gあたりの目安量。

アイスボックスクッキー（バニラ）

＊ キッチンエイドでつくりやすい量
　（約150g×8本分）。
＊ 最低量は1/4（2本分）。
＊ バリエーションをつくるときは、最初のバニラを入れず、適切なタイミングで具材を加える。

材料 （直径3.3cmのクッキー130〜145個分）

発酵バター … 400g
グラニュー糖（細粒）… 180g
バニラビーンズ … 5〜6cm分
┌ 卵黄 … 36g
└ 卵白 … 24g
薄力粉（エクリチュール）… 600g
グラニュー糖（粗め。仕上げ用）… 適量

準備

• バターは20〜22℃にする。
• 卵黄と卵白を合わせる。
• ロール紙（23×15cm）を用意する。

オーブン

予熱190℃、焼成170℃

工程

machine

バターとグラニュー糖を泡立てる
↓
卵を3〜4回に分けて加え、混ぜる
↓
粉を加えて混ぜる
↓

handwork

ミトン流フレゼ
↓
円柱状に成形して冷凍
↓

oven

カットして焼成

食べごろと賞味期限

• 食べごろは焼き立てから4〜5日間。
• 賞味期限は3週間。
• 焼成前の生地は冷凍で4週間保存可。

アイスボックスクッキーのつくり方

1 キッチンエイドのボウルにバターとグラニュー糖、バニラを入れて泡立てる。最初は低速で、つながったら速度を上げて攪拌する。空気を含み白っぽくなる。

キッチンエイド・ビーター

- **⑤** 1→2
- **⊤** 計1分30秒〜2分間
- **⑧** 白くふんわりする

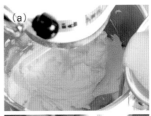

2 卵を3〜4回に分けて加え（a）、その都度、攪拌する。卵が均等になじむ（b）。

（同）

- **⑤** 2
- **⊤** 各1分30秒、計4〜5分
- **⑧** 全体がなじんでくる

3 薄力粉を全量加えて混ぜる（c）。様子を見ながら、ミキサーを低速で5〜10秒ずつ断続的に回して、生地をつなぐ。まとまった生地をさらに10秒ほど回すと白っぽくなり、手につかなくなるので、そこで混ぜ終わり（d）。

（同）

- **⑤** 1→2、つながったら3
- **⊤** 5〜10秒ずつ断続的に
- **⑧** 白っぽくなり、生地が手につかなくなるまで

4 生地を150gずつ8個に分ける。カードでミトン流フレゼをして（e）、生地のきめを整える。茶葉やチョコチップなどバリエーションの具材を加える場合は、フレゼの後に加えてカードで切り込むように混ぜる。

ミトン流フレゼ（p.25）

- **⑧** 白っぽくなり、きめが整う

5 ロール紙の幅に合わせて生地をおき、太さが均一になるように成形しながら、紙を使って円柱状に巻き上げる（f）。計8本できる。30分間以上、冷凍する（g）。比較的細めに仕上げるので、やわらかい生地でもすぐ固まる。仕込みから2時間以内に焼けるので作業効率がよい。

6 凍って固まったら紙を外し、粗めのグラニュー糖を周囲にまぶす。1.3cm幅にカットし（h）、天板に並べて170℃のオーブンで18〜22分間焼く。表面が色づいたものからとり出し、網にのせて冷ます。裏側全面にしっかりと焼き色をつけるが生地の中までは焼かない。

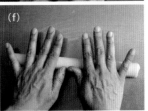

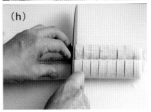

スペキュロス

スペキュロスのポイント

* キッチンエイドでつくりやすい量
（3×7cm約100個分）。
* 最低量は1/3（約33個分）。

POINT 1

4種類の砂糖を使う

スペキュロスの特徴であるジャリッとした食感に
仕上げるため、グラニュー糖は粗めと細粒を組
み合わせて使う。さらにコクを出すブラウンシュ
ガー、香りのよいカソナードの計4種の砂糖を合
わせて、小気味よい歯ごたえと複雑な味わいをめ
ざした。

POINT 2

味の骨格をつくるスペルト小麦

古代品種に近いスペルト小麦は、焼くとザクザク
とした食感と風味が極だち、これがコクのある褐
色系砂糖やスパイスとよく合う。ここにフランス
産小麦のエクリチュールを合わせることで、軽や
かさと豊かな風味をプラス。2種の粉で小麦本来
のうまみと複雑な味わいを追求した。

POINT 3

粉を早めに加えて
砂糖が溶けきるのを防ぐ

粗めの砂糖が最後まで溶けずに残ることで、ジャ
リッとした特有の食感が生まれる。バターは比較
的低温から混ぜはじめ、粉も早めに加えて、砂糖
が溶けきらないうちに混ぜ終える。同じ理由でフ
レゼはしない。生地がつながりにくいので、冷蔵
庫でやすませてからのばす。

材料 （3×7cmの長方形約100個分）

発酵バター … 300g
A カソナード … 112.5g
  ブラウンシュガー … 112.5g
  グラニュー糖（粗め）… 76g
    〃　（細粒）… 40g
  食塩 … 5g
B スペルト小麦 … 285g
  薄力粉（エクリチュール）… 300g
  ベーキングパウダー … 6g
ミックススパイス（p.126）… 25g
  全卵 … 75g
  牛乳 … 30g

準備

• バターは19〜20℃にする。
• 粉は20℃にする。
• **A**は合わせておく。
• **B**は合わせて、ミックススパイスを混ぜる。
• 全卵と牛乳を合わせておく。
• 天板にオーブンシートを敷く。
• 生地表面に細かな凹凸をつける「ガス抜きめん棒」がある
　と素朴な風合い出る。

オーブン

予熱170℃、焼成150℃

食べごろと賞味期限

• 食べごろは焼き立てから2週間。
• 賞味期限は4週間。

工程

machine

バターと砂糖を混ぜてなじませる
↓
粉を一度に加えて混ぜる
↓
卵と牛乳を加えて混ぜる
↓
冷蔵庫で生地をやすませる
↓
生地をのばして冷凍庫で締める
↓

oven

カットして焼成

スペキュロスのつくり方

1 キッチンエイドのボウルにバターを入れ、**A**を加えて混ぜ合わせる（a）。

キッチンエイド・ビーター

Ⓢ 1
Ⓣ 2分間
Ⓑ 全体がなじんで白っぽくなる。砂糖はまだざらざらする

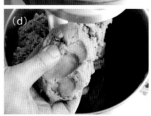

2 **B**とスパイスを一度に加えて撹拌する（b）。ポロポロの状態になる（c）。

（同）

Ⓢ 1
Ⓣ 1分30秒間
Ⓑ ポロポロの粉チーズ状になるまで

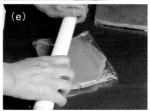

3 卵と牛乳を加えながら撹拌する。次第につながってくる（d）。

（同）

Ⓢ 1
Ⓣ 10〜15秒ずつ断続的に。計45秒
Ⓑ まとまったら15秒ほど撹拌

4 生地を3分割して（約450g）ビニール袋に入れ（e）、約15×20cmにのばして冷蔵庫でやすませる。

5 やすませた生地をガス抜きめん棒で28×27cm、2mm厚さにのばし（f）、冷凍庫に5〜10分間ほど入れてかたく締める。

6 定規をあてて波型カッターで3×7cmの長方形に切る（g）。約36個できる。天板に並べて中央をハート形で抜き、フォークでピケする（h）。150℃のオーブンで23〜27分間焼き、網にのせて冷ます。

キッフェルンのポイント

POINT 1

粉類はまとめて加える

粉類を一度に加えることで、空気が入りにくく密度のある生地に仕上がる。ヘーゼルナッツの香りが広がり、さらさら感も増す。先にバターと砂糖を充分に混ぜると生地がやわらかくなり、成形しにくい。

POINT 2

2種のフレゼできめ細かく

キッフェルンは2種のフレゼをする。最初のミトン流フレゼは、コーンスターチの粉っぽさを抑えて生地を扱いやすくし、次の手まるめフレゼできめを整えて、さらさらの食感に仕上げる。2種のフレゼにより繊細な食感が生まれ、焼成時も生地が広がりにくいため、きれいな形に焼ける。ただし、やり過ぎすると生地が傷むので注意する。

POINT 3

形もおいしさのうち

キッフェルンの形は店ごとに違う。ミトンでは先が細く、中央を太く成形するため、両端はよく焼けて香ばしく、真ん中はバターの香りが残って味のグラデーションができる。これも食べ手を飽きさせない工夫。

キッフェルン

* キッチンエイドでつくりやすい量
　（約6.5cm約100個分）。
* 最低量は1/3（約33個分）。

材料 （長さ6.5cmの半月型約100個分）

発酵バター … 330g
A コーンスターチ … 200g
　 薄力粉（バイオレット） … 200g
　 粉糖 … 150g
ヘーゼルナッツパウダー … 200g
粉糖（仕上げ用）… 適量

準備

- バターは22℃にする。
- **A**を合わせ、ヘーゼルナッツパウダーを混ぜ合わせる。
- 天板にオーブンシートを敷く。

オーブン

予熱190℃、焼成170℃

工程

> **machine**
> バターを泡立てる
> ↓
> 粉類を一度に加え、混ぜる
> **handwork**
> ミトン流フレゼ
> ↓
> 手まるめフレゼ
> ↓
> **oven**
> 成形して焼成

食べごろと賞味期限

- 食べごろは焼き立てから4〜5日間。
- 賞味期限は3週間。

キッフェルンのつくり方

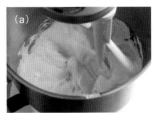
(a)

1 キッチンエイドのボウルにバターを入れ、なめらかになりツノが立つまで泡立てる（a）。

キッチンエイド・ビーター

S 2〜3
T 1分間
B なめらかになり、ツノが立つまで

(b)

2 Aとヘーゼルナッツパウダーを全量加え、撹拌する（b）。最初はもそもそとしているが、次第につながってくる（c）。適宜ボウルの中をはらう。

（同）

S 1→2
T 20秒
B 生地がつながるまで

(c)

3 速度を上げてなめらかに仕上げる。白っぽくなり、手につかなくなる（d）。

（同）

S 4
T 20秒→10秒（様子を見て調整）
B 手につかなくなり、きめ細かくなる

(d)

4 生地を4つくらいに分けて、ミトン流フレゼをする（e）。

ミトン流フレゼ（p.25）

B 細かくきめが整い、のびやかな生地になる

(e)

5 全量を10gずつに分割し（f）、冷蔵庫で10分間ほど冷やす。手まるめフレゼをから続けて成形する（g）。一度、手のひらで球状にまるめる。続いて細長くのばして両端を細く、中心を太くした紡錘形に成形し（h）、天板に三日月形になるように並べる（i）。

手まるめフレゼ（p.25）

B さらに白くなり、よりなめらかになる

(f)

6 170℃のオーブンで16〜20分間焼き、両端と縁の部分が色づいたものから取り出し、網にのせて冷ます。冷めてから粉糖をふる。

(g)

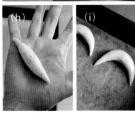
(h) (i)

ヴィエノワのポイント

POINT 1

温度管理を徹底する

ヴィエノワが成功するかどうかは、最初のバターの泡立てにかかっている。そのため、バターは溶ける直前の24℃、粉糖は24℃前後で泡立てはじめる。途中で加える卵白も28℃に。撹拌中もこまめに温度を計り、品温が下がってきたらボウルにドライヤーの温風を当てて、25℃前後をキープする。冬場は、小麦粉を紙に広げてオーブンで温めてから使う。すべての材料の温度管理を徹底することで、この上なく軽く、きめ細かいさらさらの食感に仕上がる。

POINT 2

ふわふわのバターで
ふわふわの生地をつくる

最初からキッチンエイドの最高速で、バターを限界まで泡立てる。6分間以上泡立てるとバターは空気を含んで白く、ふんわりとしたクリーム状になる。ここに冷たい材料を合わせると生地が固く締まってしまうので、上記のように途中で加える材料もすべて温めておく。

POINT 3

圧力をかける絞りフレゼ

「さらさらと軽い食感なのに、味が濃い」ヴィエノワをつくるため、口金の先を狭くつぶし、絞りフレゼをする。スピーディに絞り、圧力をかけることで生地の中の大きな気泡を小さく、細かくするイメージ。フレゼにより生地のきめが細かく整い、味わいも凝縮する。また、低い位置で、台に押しつけるように薄く絞るのもポイント。高い位置から絞って生地が厚くなる（高さが出る）と火の通りが悪くなり、軽い食感に仕上がらない。

ヴィエノワ

＊ キッチンエイドでつくりやすい量
　（約3.5×7cm 約70個分）。
＊ 最低量は1/3（約23個分）。

材料　（幅3.5×長さ6cm 約70個分）

発酵バター … 300g
> 粉糖 … 120g
> 食塩 … 0.2g
> バニラペースト … 0.8g（小さじ約1/6）
> バニラシュガー … 1.5g
卵白 … 48g
薄力粉（バイオレット） … 355g

準備

- バターは24℃にする。
- バニラペーストとバニラシュガーを合わせて使う。どちらか一方の場合は倍量にする。
- 卵白は28℃にする。
- 天板にオーブンシートを敷く。
- 菊形の口金を固い台などに押し当てて先端をつぶし、絞り出し口を狭くしておく。

オーブン

予熱190℃、焼成170℃

工程

> **machine**
> バターと粉糖を最大限に泡立てる
> 　＊ドライヤーの温風を当てて温度を保つ
> ↓
> 卵白を2回に分けて加え、混ぜる
> ↓
> 粉を加えて混ぜる
> 　＊ホイッパーからビーターに替える
> ↓
> **handwork**
> ゴムべらで混ぜる
> ↓
> 絞りフレゼ
> ↓
> **oven**
> 絞り出して焼成

- 食べごろは当日から7日間。
- 賞味期限は2週間。

ヴィエノワのつくり方

1　キッチンエイドのボウルにバターと粉糖、食塩、バニラペーストとシュガーを入れて泡立てる。バターはかなりやわらかくし（a）、冬場は粉糖も温める。こまめに温度を計って生地が25〜26℃を保つように、冷えてきたらボウルの側面や上からドライヤーの温風を当てて温度を上げる（b）。最大限に泡立て、白くふわふわの状態にする（c）。

キッチンエイド・ホイッパー

Ⓢ 10
Ⓣ 6分30秒間
Ⓑ 白くふわふわの状態まで

2　卵白はコシを切る程度に軽く泡立て、28℃まで温める。これを半量ほど加えて（d）、さらに撹拌する。残りを加えて同様に。しっかりしたツノが立つ（e）。

（同）

Ⓢ 6〜8
Ⓣ 1分→残りを入れてさらに1分間
Ⓑ しっかりツノが立つまで
Ⓓ 47〜57g

3　ボウルの中をはらい、薄力粉を全量加える（f）。ビーターに替えて軽く撹拌する（g）。

キッチンエイド・ビーター

Ⓢ 1
Ⓣ 15秒間
Ⓑ 粉が見えなくなるまで

4　マシンからはずし、ゴムべらで底から大きく8回ほど混ぜる（h）。練らないように注意。

ゴムべらで大きく混ぜる

Ⓝ 8回
Ⓑ 全体がなじんでほぼ均質な生地になればよい
Ⓓ 77〜84g

5　絞り袋に、出口を狭くした口金をセットして生地を詰める。天板の上5mmくらいの高さから、天板に押しつけるような感覚で、絞りフレゼで絞る（i）。S字を2往復し、3.5×7cmにする。ハート形なども。

絞りフレゼ（p.25）

Ⓑ 圧力をかけながら、生地を薄く絞る

6　170℃のオーブンで18〜20分間焼く。ひだの山に焼き色がつき、裏面にきれいな焼き色がついたら取り出し、網にのせて冷ます。

補足レシピ

○ シロップ

・基本のシロップ

グラニュー糖と水を1：3で合わせてひと煮立ちさせ、冷めてから香りの素材を加える。かんきつ類のゼストや、カカオパウダー、ミックススパイス、キルシュなど。シロップ単体で使うことはなく、かならず香りの要素を加えて2～3日で使いきる。洋酒は香りがとびやすいので、使うたびに加える。

・バニラシロップ

グラニュー糖と水を1：6で合わせ、バニラの残りのさやを加えて、香りが移るように半量まで煮詰めて使う。

○ ジュレ（つくりやすい量）

水 … 65g
グラニュー糖 … 22g
ジャムベース … 3g
グラニュー糖 … 3g
レモンの搾り汁 … 6g

小鍋で水と砂糖を沸騰させ、火からおろしてジャムベースと砂糖を混ぜたものを加えて溶かす。再度火にかけ、なめらかになったらレモン汁を加えて火からおろす。漉して冷蔵し、2週間保存可。

○ ラズベリーソース

あんずジャム（市販品）… 15g
粉糖 … 10g
冷凍フランボワーズピュレ（ラピフリュイ）… 50g

あんずジャムに粉糖の半量を加えてよく練り混ぜる。あんずジャムのとろみが分離を防ぐ。解凍したフランボワーズ（ラズベリー）ピュレを加えて、残りの粉糖も合わせてダマがないように混ぜる。火を通さないので冷蔵で5日間、冷凍で1か月保存可。

○ カラメルベース（つくりやすい量）

グラニュー糖 … 120g
生クリーム … 96g
牛乳 … 56g
水あめ … 20g

生クリームと牛乳を小鍋に合わせ40℃に温める。別の小鍋にグラニュー糖を入れて中火で焦がし、生クリームと牛乳を加えてよく混ぜ、水あめも加えて溶かし込む。冷蔵庫で2週間ほど保存可。必要な分だけとり出して使う。

○ アイシング

基本は卵白と粉糖を1：6。使う直前につくる。卵白に粉糖の半量を加えてスプーンなどでよく混ぜ、残りの粉糖を合わせて白くなるまで混ぜる。レモンケーキ用はレモン果汁を加えるなど、お菓子に合わせて香りづけする。

○ ミックススパイス

シナモン（粉）… 4
ジンジャー（粉）… 2
クローブ（粉とホールを半々）… 2
グリーンアニス（粉）… 2
ナツメグ（ホール）… 1

ホールを削りおろすのが理想だがパウダーでOK。数字は体積比だが、重量（g）に置き換えてもよい。グリーンアニスはフランス産を使用。なければアニスパウダー、またはフェンネルパウダーで代用可。

○ 金柑の甘煮（仕上がり約650g）

キンカン … 500g
グラニュー糖 … 150g（金柑の30％）
水 … 35～50g（金柑の7～10％）

キンカンはヘタを取り、横割りにして種を除く。グラニュー糖、水とともに鍋に入れ、中火にかけてざっと混ぜる。沸騰したら弱火にして6分間ほど煮る。そのままひと晩おいてシロップを含ませる。冷蔵で20日間保存可。冷凍可。

○ ドライプルーンの紅茶煮 （仕上がり約300g）

ドライプルーン （種抜き。加水されていないかためのもの）
… 200g
紅茶 （アールグレイ） 茶葉 … 4g
熱湯 … 120g

茶葉に熱湯を注ぎ、蓋をして7分間蒸らしてから漉す。この紅茶とプルーンを鍋に入れて火にかけ、沸騰したら火からおろす。ふたをしてそのまま5時間からひと晩おいてやわらかくする。冷蔵で約2週間保存、冷凍可。

○ あんずの甘煮 （仕上がり約180g）

乾燥あんず （セミドライでないもの） … 100g
水 … 100g
グラニュー糖 … 30g

鍋にあんずと水を入れて火にかけ、沸騰したら弱火で5～6分間煮る。火を止め、ふたをして7～8分間おく。再び弱火にかけてグラニュー糖を加え、1～2分煮たら火を止め、ふたをしてそのまま冷ます。冷蔵で1か月保存、冷凍可。

○ 薄板チョコ （30×25cm 約3枚分）

好みのクーベルチュール … 100g
テンパリング剤 （カカオバリー） … 1g

平らな台 （マーブル板など） に、厚めのOPPシートを用意する。チョコレートをテンパリングして （温度は使用するチョコレートに合わせる） OPPシートの上に1/3量を流し、上からもう1枚のシートをのせてめん棒を転がして薄い板状にする。シートごとバットなどにのせて、固まらないうちにチョコレートがそらないようバットを重ね、冷蔵庫で冷やし固める。1か月ほど冷蔵保存可。

○ クロッカント （つくりやすい量）

グラニュー糖 … 60g
アーモンドスライス （軽くロースト） … 30g

グラニュー糖を小鍋に入れて強火にかける。グラニュー糖が薄く色づきはじめたら全体を混ぜて溶かし、火からおろしてアーモンドを加えて手早く混ぜる。再度火にかけて全体が焦げ茶色になったら、すぐにオーブンペーパーの上に取り出して薄く広げる。そのまま冷まし、冷えて固まったら使いやすいサイズに砕く。密閉容器にシリカゲルと一緒に入れて常温で1週間保存可。

○ クランブル （15cm 丸型1台分）

発酵バター （1cm角に切る） … 15g
薄力粉 （バイオレット） … 20g
アーモンドパウダー … 20g
グラニュー糖 （細粒） … 15g
シナモンパウダー … 小さじ約1/3
塩 … 少量

ボウルに材料を入れて手で混ぜ、バターを指先でつぶして半分の大きさにし、さらにそれを半分につぶすことをくり返す。粗い粉チーズ状になればでき上がり。冷蔵で1週間、冷凍で1か月保存可。

材料と道具

オーブンミトンで使っている材料と道具のうち、本書掲載レシピに登場し、とくにこだわって選んだものを紹介。
おすすめのメーカーや銘柄とその理由、使い方のコツなど。

材料

○ 製菓用小麦粉

・バイオレット（日清製粉）
・スーパーバイオレット（日清製粉）
・エクリチュール（日清製粉）
・スペルト小麦（国産品）

製菓用小麦粉はお菓子ごとに使い分ける。しっとりと軽い食感に仕上げたいスポンジやシフォンなどは「バイオレット」、ロールケーキにはより粒子の細かい「スーパーバイオレット」がおすすめ。クッキーなどサクみを出したい焼き菓子には、フランス産小麦100%でやや粒子が粗い「エクリチュール」を。また粉の一部に「スペルト小麦」を混ぜるとお菓子そのものの風味が強くなり、味わいの幅が広がる。

○ 発酵バター

ほぼすべての焼き菓子に明治乳業の発酵バターを使う。焼き菓子に豊かな香りを与え、くっきりとした味の輪郭を出すことができる。食べ心地は軽いが、余韻は長い。香り高い焼き菓子をつくる必需品。

○ 生クリーム

シュークリームのカスタードに加えたり、ショートケーキのナッペや、チーズケーキやガトー・ショコラに使うのはすべて「中沢乳業・乳脂肪分47%」と決めている。理由は、ミルクの風味が強く、素材本来の味を大切にしたいミトンのお菓子によく合うから。ホイップしてそのまま使うときは牛乳を加えると口あたりが軽くなる。乳脂肪分の低いものは使わない。

○ ベーキングパウダー

アルミニウムフリーに切り替わってから、さまざまな製品を試したが、最終的にオリジナル製品をつくることを選んだ。立ち上がりやふくらみの持続性、焼き縮みなどを見極めて配合を工夫し、試作を重ねて、後味の苦さがなく、格段にふっくらと焼き上がるものができた。ベーキングパウダーでお菓子のでき上がりや味も左右されるとわかり、その重要性を実感している。

○ クーベルチュールチョコレート、カカオパウダー

ヴァローナ、ペック、カカオバリー、バンホーテンなど、メーカーやブランドを「異なるものを複数とり混ぜて使う」ことが最大のポイント。単一のものでは味や香りに複雑さや奥行きが感じられず、食べ飽きしやすい。

○ 業務用サイズの製菓器具

・ボウル（直径36cm、深型直径27cm、深さ20.8cm）
・泡立て器（11、12号長さ34～37cm）
・ゴムべら（長さ29.5、幅6.2cm）

ほかの製菓道具は家庭用でも代用できるが、ボウル、
泡立て器（ホイッパー）、ゴムべらは業務用の大きな
サイズをそろえる。

○ キッチンエイド付属の予備ボウル

別立ての生地や、お菓子を連続してつくるときに、付
属ボウルが複数個あると便利。

○ 非接触型の温度計

材料の品温や、作業中の生地の温度を計るのは、赤
外線センサーの非接触型温度計がおすすめ。普段か
らこまめに温度を計り、生地の状態を観察する習慣
をつけると仕上がりのブレが少なくなる。

○ ペーパー類

ジェノワーズやパウンドケーキなどの型に敷き込むの
は、生地がはがれにくいロール紙。チーズケーキ、
ガトー・ショコラの敷き込みや、クッキーをのせたり
絞り出したりするのは剥離性の高いオーブンペーパー
（ベーキングペーパー）が向く。それぞれ用途に応じ
て使い分ける。

・電気式コンベンションオーブン（ミーレ／5枚差し）3台
・ガス式コンベクションオーブン（コメットカトウ／8枚差し）1台
・20コートミキサー（ホバート）1台
・キッチンエイド（エフ・エム・アイ）2台
・卓上ミキサー（ホバート）1台

販売の工夫
Selling

店舗入り口のすぐ右手に、1段1.5m幅の冷蔵ショーケースを設置。ケース内は向かって左側のレジ横に名物のシュークリームを置いて会計を速やかにし、ほかに20種ほどの生ケーキが日替わりで並ぶ。2017年の改装以降、20種ほどある焼き菓子はショーケースの向かい側に置いていたが、コロナ禍を経て、お客さまの動線を一方向にし、かつスタッフが売り場に出る時間をできるだけ短くするため、ショーケースの前に焼き菓子を並べる現在のスタイルに落ち着いた。

生ケーキは当日中に売りきる

生ケーキは当日中に売りきるのが基本。残ったものを冷凍したり、翌日に販売することはない。そのため、売れ行きを見ながらこまめに仕込むのはもちろん、冷凍ストックのチーズケーキやガトー・ショコラなども必要に応じて冷蔵庫に移し、すぐに追加できるよう準備しておく。ショートケーキ類は朝いちばんで仕上げ、ロールケーキは当日の朝に焼いた生地を使う。ほかにタルト、スコーン、マフィンは朝焼いたものを並べるなど、焼きたて、できたてを販売する。

柔軟に価格差をつけて販売

手で絞るシュークリームなどは、どうしてもサイズのバラつきが出るもの。ミトンでは、小さいものはひと口サイズの「Sシュー」として販売。また、賞味期限が迫ったものは「ご自宅用品」として価格を下げる。こうした臨機応変さは小さい店ならでは。ロスを出さない工夫も大切。

ショーケース裏の小さなストックコーナー。売れたらすぐに補充して、販売チャンスを逃さない。

個包装したものを詰め合わせる

オーブンミトンでは、すべて個包装したものを箱詰めする。クッキーなどを直接、箱や缶に詰めることはない。理由は、バターが多く繊細な食感に仕上げているため、お菓子同士が触れ合っただけで崩れてしまうから。OPP袋は香りがとびにくいだけでなく、包むことでクッション効果も果たす。

OPP袋に入れ、脱酸素剤は不使用

クッキーなどの焼き菓子や、パウンドケーキ、シフォンケーキはOPP袋に個包装（1〜2個）して販売する。発酵バターやナッツのぜいたくな香りが持続し、湿気やにおい移りを防ぎ、包材自体がクッション代わりになる。また、乾燥剤を使うことはあるが、脱酸素剤で賞味期限を延ばすことはしない。酸素を抜くと、同じ分だけ風味や食感が損なわれてしまう。パウンドケーキは販売から1週間、サブレなどの焼き菓子は2〜3週間と、ほかのお店と比べて賞味期限が短い。理由は、焼き菓子も新鮮なうちがおいしいから。販売スタッフはお客さまに早めに召し上がっていただくようくり返しお伝えし、お菓子にも鮮度があると納得したうえでお買い上げいただいている。お菓子はつくって終わりではなく、売り方やすすめ方も同じくらい重要だと思う。

カットの工夫

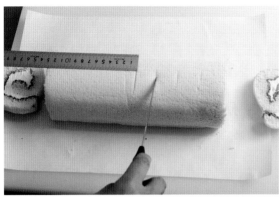

ロールケーキ

30cm角の天板で焼いた生地で作るロールケーキは、両端を落として8等分にカット。ケーキの断面より幅広いOPPシートを用意して、巻くときにケーキ断面の左右をせばめるようにしてシートを締めて巻くと、見た目がきりっと整うだけでなく、動かすときにもつぶれにくくなる。

シフォンケーキ

直径21cmの型で焼いたシフォンケーキは、10等分にして販売。クリームなどは塗らず、焼き菓子として店頭に並べる。あらかじめ必要な角度に切った型紙（この場合は1/10切れ分）で目安をつける。刃渡りの長い波刃のナイフを使い、切り口をつぶさないように、生地を軽く持ち上げて支えるようにしてカットする。

Stocking up

小嶋ルミ

東京・小金井市にある「オーブンミトン」オーナーシェフで、女性パティシエの草分け的存在。1987年に開業し、のちにフレンチのシェフである夫の小嶋晃氏も参加して、カフェを併設するケーキ店とお菓子教室を運営する、現在のスタイルに至る。「食材の自然な味わいこそが、お菓子のおいしさ」を信念に、独自に開発した「手わざ」を駆使して、スタンダード菓子で最上の味わいを自然素材からつくり上げている。混ぜ方を中心としたお菓子教室は、日本各地はもとより海外からも生徒が通い詰めるほど。教室の卒業生や、製造スタッフから独立開業を果たした人も多く、それぞれ地域に根差した人気のケーキ店やカフェを営んでいる。著書に『おいしい！生地』（文化出版局）、『小嶋ルミのおいしいクッキーの混ぜ方』『小嶋ルミのケーキ・レッスン』（ともに小社刊）など他多数。

オーブンミトン
東京都小金井市本町1-12-13
https://ovenmitten.com
電話　042-388-2217

オーブンミトン 小嶋ルミの
小仕込み製菓テクニック
小ロットでつくるから、冴える技、手仕事の味

初版印刷	2022年12月20日
初版発行	2022年12月31日

著者◎　　小嶋ルミ
発行者　　丸山兼一
発行所　　株式会社柴田書店
　　　　　東京都文京区湯島3-26-9　イヤサカビル
　　　　　〒113-8477
　　　　　営業部　03-5816-8282（注文・問合せ）
　　　　　書籍編集部　03-5816-8260
　　　　　URL　https://shibatashoten.co.jp

印刷・製本　シナノ書籍印刷株式会社
DTP制作　　株式会社明昌堂

ISBN　978-4-388-06359-8 C2077
Printed in Japan
©Rumi Kojima 2022

協力／エフ・エム・アイ
材料協力／cotta

撮影／ローラン麻奈
デザイン／高橋朱里（マルサンカク）
製菓助手／高野雅子、中内真理子、鴨井幸子
スタイリング／水奈
編集／水奈、池本恵子（柴田書店）